U0925222

華文傳記 BIOGRAPHIES

瞧，这个人
——尼采自传

[德] 弗里德里希·威廉·尼采 著　黄敬甫　李柳明 译

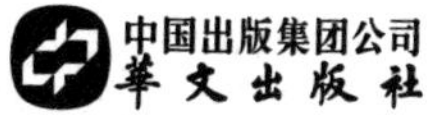

图书在版编目（CIP）数据

瞧，这个人：尼采自传 /（德）弗里德里希·威廉·尼采著；黄敬甫，李柳明译. -- 北京：华文出版社,2017.1 (2019.1重印)

ISBN 978-7-5075-4609-5

Ⅰ. ①瞧… Ⅱ. ①弗… ②黄… ③李… Ⅲ. ①尼采（Nietzsche, Friedrich Wilhelm 1844-1900）-自传 Ⅳ.①B516.47

中国版本图书馆CIP数据核字(2016)第282705号

瞧，这个人：尼采自传

作　　者：（德）弗里德里希·威廉·尼采
译　　者：黄敬甫　李柳明
责任编辑：王思惠
出版发行：华文出版社
社　　址：北京市西城区广外大街 305 号 8 区 2 号楼
邮政编码：100055
网　　址：http://www.hwcbs.com.cn
电　　话：总编室 010-58336239　发行部 010-58336202 58336267
　　　　　责任编辑 010-58336209
经　　销：新华书店
印　　刷：三河市同力彩印有限公司
开　　本：880×1230　1/32
印　　张：5.75
字　　数：128 千字
版　　次：2017 年 6 月第 1 版
印　　次：2019 年 1 月第 3 次印刷
标准书号：ISBN 978-7-5075-4609-5
定　　价：35.00 元

绪　论

1

可以预见，不久我就要向人类提出前所未有的十分严峻的要求，因此我觉得有必要说明：我是谁。其实，大家也许知道我是个怎样的人：因为人们已确认我和我的思想的存在。但是，我的使命是伟大的，而我同时代的人却是藐小的，这种不协调表现在，人们既不想听我的话，也不望我一眼。我是靠自己的信誉活着的，说我活着，这也许只是一种偏见吧？……我只要与夏天到上恩加丁山[1]去避暑的任何一个“受过教育的人”谈谈，就能使我确信，我并没有活着……在这种情况下，有一种责任——这种责任有悖于我的习惯，尤其有悖于我高傲的天性——让我宣称：听我说！因为我是如此这般的一个人，尤其不要把我同他人混为一谈！

---

① 瑞士名山。——译者注

2

比如说，我绝对不是一个怪物，绝对不是一个道德上的怪物。我的天性与那些一向被尊为有道德的人截然相反。在我们中间，我觉得这正是我感到骄傲之处。我是哲学家狄奥尼索斯[①]的弟子，我似乎宁愿做萨蒂尔[②]，也不愿当圣徒。但是，请你们读一读这本书吧。在这本书中我也许达到了预定的目的，也许这本书除了以愉快和友善的方式来表达这种对立之外，根本就没有什么其他的意义。我要许诺的最后一件事可能就是“改良”人类了。我没有建立新的偶像；但愿旧偶像能知道，用泥土塑造的双腿意味着什么。推翻偶像（我称之为理想），这更接近我的工作。当人们捏造一个理想世界时，也就使现实失去了其价值、意义和真实性。……“真实世界”和“虚假世界”，用德语来说就是：虚假的世界和现实性……理想这一谎言向来是诅咒现实性的，人类本身被理想这个谎言所蒙骗，使自己的天性降到最低点，并且变得虚假，以致去推崇那些有悖于人类用以确保繁荣、未来以及对未来的崇高权利的价值。

3

凡是能吸入我著作的气息的人，他就会知道，这是一种高空之气，一种令人振奋之气。人们必须适应这种空气，不然，当它降临时你就会有受寒的危险。冰雪临近，寂寞万分——然而，在阳光之下，

① 希腊神话中的酒神。——译者注

② 希腊神话中的山林神怪。——译者注

万物是多么沉静！人们的呼吸是多么自由！在这种氛围中人们的感受又何其多也！正如我一向了解和经历的那样，哲学自愿生活在冰雪里和高山上，哲学就是去探寻存在中的一切陌生和可疑的事物，寻找至今为止被道德禁锢的一切。从长期漫游禁地的经验中，我知道到目前为止产生道德化和理想化的原因与人们所希望的大为不同：因为，对于我来说，哲学家的秘史和他们谋求伟大名人的心理已经昭然若揭。——一个天才可以容纳多少真理，敢于提出多少真理呢？在我看来，这日益成为真正的价值标准。错误（对理想的信仰）不是出于盲目，而是出于怯懦……认识上的每个成就和每次进步，都是鼓起勇气、磨炼自己和净化自我的结果……我并不反驳理想，我只是在它们面前戴上手套罢了……我们追求被禁锢的东西：在以此为信号的战斗中，我的哲学必将取得胜利，因为，从根本上来说，至今为止被禁锢的东西无非是真理。——

4

在我的著作中，我的《查拉图斯特拉如是说》代表我自己。我以这部著作给予人类以前所未有的极其伟大的赠礼。这部书发出的声音响彻千古，它不仅是世界上最崇高的书，真正散发高山空气的书——人类在遥远未来的全部事实都包含在其中——而且也是最深刻的书，它来自真理的最深处，它是一口取之不尽的宝井，放下汲桶就能满载金银珠宝而归。在这里，没有“先知”的预言，没有那种可怕的混合物（这是疾病和权力意志的混合物，人们称之为宗教的创立者）的预言。人们为了不至于可怜巴巴地糟蹋自己的智慧，首先就要倾听“查拉图斯特拉”的声音，一种平静的声音。“最平静的言语乃是狂飙的先声；静悄悄而来的思想将引导这个世界。”

> 无花果从树上掉落下来，它们新鲜而美味：它们掉落时，鲜红的外衣裂开了。对于成熟的无花果来说，我是北风。
>
> 因此，我的朋友们，就像无花果一样，这些学说的果子是为你们而落下的：现在请你们吮吸那芳香的果汁和品尝那甜美的果实吧！此时正是秋色盈盈。晴空万里的下午——[①]

这里不是狂热分子在说话，这里不是“说教”，这里不要求信仰：一言一语，点点滴滴，从无限灿烂的光源和幸福的源泉中流溢出来——语速缓慢，委婉动听。这些言语只会流入优秀人物的心头；能在这里当一名听众，确实是一种无上的特权；不是谁想听就能听到查拉图斯特拉说话的……所有这一切，难道查拉图斯特拉不是一个蛊惑者吗？……但是，当他第一次又回到孤独中时，他到底说了些什么呢？他所说的话与任何一个“智者”“圣人”“救世主”和其他颓废者在类似场合要说的正好相反……不仅他的言语，而且他本人都与他们截然不同……

> 现在我独自去了，我的门徒们！你们现在也走吧，独自走吧！我希望如此。
>
> 你们离开我吧，要提防查拉图斯特拉！最好是：你们耻笑他吧！也许他已经欺骗了你们。

---

① 《查拉图斯特拉如是说》第二部分第二章。——译者注

智者不仅必须爱他的敌人，也必须能恨他的朋友。

如果一个人老是当学生，那他会去报复老师。你们为什么不愿扯掉我的花冠呢？

你们崇拜我：但是，万一有一天你们改变崇拜，那又该怎么办呢？你们要当心，免得让雕像压扁你们！

你们说，你们信仰查拉图斯特拉？但是，查拉图斯特拉对你们有什么用！你们是我的信徒，但是，当信徒对你们有什么用！

你们还没有去寻找自己，这时，你们却发现了我。所有的信徒都是如此；因此，一切信徒都是微不足道的。

现在我要你们舍弃我，去寻找你们自己；只有当你们通通否定我时，我才愿意重回到你们中间去……[①]

弗里德里希·尼采

在这美好的一天里，一切都已成熟。不仅葡萄渐渐变成紫色，同时一线阳光射进我的生命里：我向后张望，又向外眺望，我从来都没有在刹那间看到过这么多美好的事物。今天我并没有白白地埋葬掉我的第四十四个年头，我有权利埋葬它——其中有生命的东西都得以拯救，而且是永存不朽的。《重估一切价值》《狄奥尼索斯——酒神赞歌》和当作消遣的《偶像的黄昏》，所有这一切都是这一年所恩赐的，甚至是最后三个月所恩赐的。我怎么能不感谢我的一生呢？因此，我要自述我的生活。

① 《查拉图斯特拉如是说》第一部分第二十二节。——译者注

目　录

我为什么这样有智慧……001
我为什么这样聪明……015
我为什么能写出这样优秀的书……036
《悲剧的诞生》……047
《不合时宜的考察》……054
《人性的，太人性的》及其两个续篇……060
《朝霞》——论道德即是偏见……067
《快乐的科学》……070
《查拉图斯特拉如是说》
——一本为所有的人，也不为任何人写的书……072
《善恶的彼岸》——未来哲学的序曲……088
《道德的谱系》——一篇论战的文章……090
《偶像的黄昏》——怎样用锤子探讨哲学……092
《瓦格纳事件》——一个音乐家的问题……095
为什么我是命运……103

附录

茨威格笔下的尼采……………………………………………113
尼采与希特勒…………………………………………………123
尼采简介………………………………………………………169

我为什么这样有智慧

1

我生活的幸福，也许还有生活的独特性，来自于厄运：用奥妙的方式来说，假如像我的父亲，我已经去世了，假如像我的母亲，我仍然活着，并且渐渐地变老。这双重根源，如同生命阶梯中最高的一级和最低的一级，既是没落也是新生——这种说法如果有什么意义的话，这说明了派别的中立性和自由性与人生的全部问题有关联，这就使我出类拔萃。我对上升和下落的标记比任何人都要敏感，我在这方面是非常内行的——我熟知这两方面，我自己就是这两方面。我父亲三十六岁时就去世了：他体贴别人，和蔼可亲，文弱而多病，就像是一个命中注定的匆匆过客——与其说对生命本身的亲切回忆，不如说对其人生的亲切回忆。在我父亲生命衰老那年，我的生命也开始衰老：在我三十六岁那年，我的生命力降到了最低点——我仍然活着，但是我看不见离我三步以外的地方。那时候（1879 年）我辞去了巴塞尔大学的教授职务，整个夏天就像幽灵一样生活在圣摩里茨，第二年冬天也是我一生中最寒冷的冬天，像幽灵那样在瑙姆堡度过。那是我生命的最低潮，《漫游者及其影子》就是这个时候写的。无疑，那时我把自己看作幽灵……第二年冬天，也就是我住在热那亚的第一个冬天，愉快和超脱——这种愉快和超脱几乎是伴随着严重的贫血而来的——带来了《朝霞》这部作品。这本书反映出的开朗和愉快以及精神上的旺盛，不但符合我本人生理上严重的弱点，而且也符合极度的痛感。我连续三天三夜备受头痛和剧烈呕吐的折磨。在这痛苦中，我仍然具有辩证学家清醒的头脑，极其冷静地去思考许多事情，而我在健康状况较好时对这些事情的思考反而缺乏毅力，不够周全，也不够冷静。我的读者可能知道，我是如何把辩证法看作颓废的征兆，比如最著名的例子，即苏格拉底[①]的例子。——理智上错乱，甚至那种发烧后处于半昏迷状态，对于我来说至今还是很少见的事情，要想知道它们的性质和反复性，我还得找人请教一下。我的血液流动很慢。没有人能够在我身上查出发烧的原因。有位医生很长一段时间把我当精神病人来医治，最后他说："不！您的神经没有问题，倒是我自己有点神经质。"绝对无法证明某个局部出了毛病；虽然胃系统十分虚弱，总是引起全身疲惫，但也查不出胃的器质性病变。我的眼病也是如此，虽然暂时有接近失明的危险，但这也只是结果，而不是原因，因此，随着生命力的增强，视力也提高了。对我来说，漫长岁月的流逝就意味着康复，但是，很遗憾，这个漫长的岁月同时也意味着旧病复发、衰弱和某一种颓废的周期。不管怎么样，我对颓废问题是富有经验的，这还要我说吗？我十分精通这些问题。甚至那种领会和理解的精致艺术，那种精细入微的感觉，那种明察秋毫的心理以及我所具有的其他本领，

---

① 苏格拉底（约公元前 469—前 399），古希腊唯心论哲学家。——译者注

都是那个时候学会的，也是那个时期应得的馈赠。那个时期，我身上的一切——不论是观察力，还是每个观察器官——都变得更加敏锐了。从病人的角度去看比较健康的概念和价值，反之，从丰富的生活和对生活的自信心去看颓废本能的隐蔽活动——这是我进行的最长时间的训练，是我真实的经历，假如这里面有什么收益的话，就是在这个过程中我成了大师。现在我对此得心应手，我有一双扭转乾坤的手：也许这就是为什么只有我才能“重估一切价值”的首要原因吧。——

2

此外，我是个颓废的人，也是个与其相对立的人。对此，我可以提出其中一个明证，针对严重的健康状况，我总是本能地选择正确的治疗方法，而颓废者却总是选择于己不利的治疗方法。从整体来说，我是健康的，就局部和例外而言，我才是颓废的人。甘于寂寞，摆脱习惯势力，强迫自己不再被照顾和被服侍，拒不就医——这些都说明我本能上绝对确信，当时首先急需什么。我要对自己负责，我要使自己恢复健康。每个心理学家都会承认这个前提：其实这个人是健康的。一个典型病态的人是不可能恢复健康的，更谈不上自我痊愈了；相反，对一个典型健康的人来说，患病甚至可以反过来成为生命有力的兴奋剂，使生命变得丰富多彩。实际上也是这样，从现在起开始长期生病：我仿佛重新发现了生命，也发现了自我。我感到所有美好的事，甚至小事都很有味道，而其他人却无法轻易地感觉出来——从我对健康和生命的意志力中，我创造了我的哲学……因为人们也许注意到：在我生命力最低落的那几年，我不再是悲观主义者了。自我恢复的本能禁止我创立一种贫乏而气馁的哲学……那么，人们到底凭什么去识别卓越人才呢？一个卓越人才使我们有理智，要对我们的思想意识有益：他是木雕的，木质坚硬而色彩柔和，同时散发出宜人的香味。只有对他的健康有益的东西他才觉得可口。当超越这个尺度时，他的喜悦和欲望就会停止。他发现了防治损害健康的良药，他充分利用严重的意外事件变为对他有益的东西；凡是不能消灭他的东西，都会使他变得更加强大。他本能地从自己所见、所闻、所经历的一切中收集他的全部：他就是择优的原则，他舍弃了许多东西。他不论看书、与人交往或者观赏景物，总是与己为伴：凡是他选择的、许可的和信任的东西，他都予以尊重。他对各种形式的刺激反应迟缓，而这种迟缓是由于他长期的谨慎和有意的傲慢养成的——他去体验面临的刺激，他远离迎面而来的刺激。他既不相信"厄运"，也不相信"罪孽"：他对付得了自己，也对付得了别人，他懂得忘却，——他坚强得足以使任何东西必然成为对他最有益的东西。——好吧，我是与颓废者相对立的人：因为我描写的正是我自己。

3

我有一位这样的父亲，我视之为大特权。他在阿尔滕堡宫廷住了几年之后，前几年当上了传教士，他在农民面前传教，农民说，他看上去似乎是天使，对此，我要触及人种问题。我是纯正的波兰贵族血统，没有掺和一滴不纯的血，至少没有德国人的血。如果要寻找与我完全相对立的东西，十分卑劣的天性，我总是在我母亲和妹妹身上找到，相信我与这类轻佻的女人有血缘关系就是对我的神圣的亵渎。我从母亲和妹妹那里得到的治疗方法，至今都使我毛骨悚然。在这里有一台完整而令人恐惧的机器在工作，它准确无误，不出差错地工作，而我有可能被打得头破血流，——直到我生命的最后时刻……因为那时没有力量去对有毒的爬虫进行自卫……生理上的接触使这样一种不协调的难以相处的人能够相处，但我承认，对《永恒的反对未来》——我本来深不可测的思想——提出最大异议的总是我的母亲和妹妹。——不过，我作为波兰人具有巨大的返祖现象。我也许得返回几百年，才能找到有人性的地球上最高贵的人种，就像我所描述的人种。我反对现今所有被称为高贵的东西，这是一种享有很高荣誉的、不可一世的感觉，——我不会给年轻的德国皇帝当我马车夫的荣誉。我承认与我相似的只有一个事例——我以深切的谢意承认这一点。科西玛·瓦格纳太太绝对具有最高贵的气质；还有，对此我没有少说一句，我说，理查德·瓦格纳[①]是个绝对与我最相似的人……剩下的就是……沉默所有包含亲属关系的概念在生理学上都是非常荒谬的。罗马教皇现今还在兜售这种荒谬。人们至少与自己的父母亲是有血缘关系的，与父母亲有血缘关系也许是卑鄙的最外表的征象。较高的天性可以无限继续返祖，这种天性必须长期收集，积累和堆积起来。伟大的个人是最古老的个人，我对此不理解，但是尤里乌斯·恺撒[②]，也许会是我的祖先——或者是亚历山大，这位真正的狄奥尼索斯……此刻，正当我写这些时，

① 理查德·瓦格纳（1813—1883），德国作家，文学家。——译者注

② 尤里乌斯·恺撒（公元前100—前44），罗马帝国的政治家和统帅。——译者注

邮递员给我送来了一个上面印有狄奥尼索斯头像的邮件……

4

哪怕我认为值得去招致别人对我怀有反感，我也从来不懂得这样做，——这还要感谢我那无与伦比的父亲。我怎么看上去都不像基督教徒，但我也从来没有引起别人的反感。综观我的一生，你可以发现，没有人对我怀有恶意（只有一次）……但是，也许你可以发现太多人对我怀有善意的迹象……我的经验毫无例外地告诉我，即使与那些难以打交道的人相处，我也能博得他们的好感；我可以驯服熊，可以化丑陋为高尚。我在巴塞尔大学讲授高年级希腊文的七年中，没有利用机会去惩罚学生；在我这儿，连最懒惰的学生也变得用功。我总是能应付意外事件;我必须胸有成竹，才能应对自如。不管是什么乐器，也不管它是多么不和谐，比如，“人”这种不和谐的乐器——如果我不能给他弹点动听的乐曲，那我肯定是生病了。我常常从这些“乐器”那里听说，它们自己还从来没有听过这样的曲调……最美好的曲调也许来自那个英年早逝的海因里希·冯·施泰因[①]了。有一次，他在谨慎地得到别人的许可之后，曾在西尔斯-玛利亚[②]待了三天，每个人都说，他不是为恩加丁山而来的。这个优秀的人以其普鲁士容克[③]十分激烈的单纯性，曾深陷瓦格纳的沼泽里。（此外还陷于杜林[④]的泥坑里！）在这三天中，他就像受到一阵

---

① 海因里希·冯·施泰因，瓦格纳的家庭教师。——译者注

② 位于瑞士西尔斯湖的背面，尼采旧居所在地。——译者注

③ 年轻贵族。——译者注

④ 卡尔·欧根·杜林（1833—1921），德国哲学家和社会经济学家。——译者注

自由风暴的侵袭，有如一个骤然长了翅膀乘风而上的人。我一再告诉他，这是高山上清新的空气的作用，站在6000英尺的拜罗伊特[1]上，每个人都感到很值得，——但是，他不愿意相信我的话……尽管如此，如果有人对我搞点大大小小的恶作剧，不是“有意”的话，至少也有“恶意”的背景：我曾经暗示过，倒不如说我得抱怨善意，正是这种善意给我的生命带来不小的祸害。我的经验使我有理由怀疑所谓“无私”的欲望和助人为乐的“博爱”。在我看来，可把“博爱”看作懦弱，看作对诱惑没有抵抗力的特殊情况，——同情只有在颓废者的身上才算是美德。我责备有同情心的人，因为他们在保持人与人的关系的距离上太容易失去羞耻、尊重和体贴，因为同情心在一瞬间就会散发出下等民众的气味，而且看上去就像是矫揉造作，因为有同情心的人可能会灾难性地陷入一种生死攸关的命运，陷入一种痛苦的孤独，带来一种负有重大罪过的特权。我认为，放弃同情心也算高尚的品德。我在《查拉图斯特拉的诱惑》中，编造出这样一种情景：一声巨大的呼救声传到查拉图斯特拉的耳边，同情心如同刚犯下的罪行向他袭来，要他背弃自己。在这里要能克制自己，保持其使命的高尚，不受那些以所谓无私的行动为营生的卑劣而短视的动机所影响，这就是查拉图斯特拉要经受的考验，也许是最后的考验——也就是他对力量的真正证明……

5

在另一方面，我简直就是我父亲的再生，就像是他过早逝世

① 位于德国巴伐利亚，每年7—8月在此举行音乐节。——译者注

的生命的延续。有一种人从来没有享受过平等的生活，他对“报复”这个概念大概就像对“平等权利”这个概念一样不易接受，我就像这种人，在我遇到大大小小的愚蠢行为时，我拒绝一切预防措施和保护措施，——这是很公平的，我也不需要任何防卫和辩护措施。我的报复方式在于，尽快以明智的方式来对付愚蠢的行为，这样也许还可以战胜愚蠢。比如说，为了摆脱酸臭的行为，我会寄去一罐果酱……要是有人对我做了一点坏事，他肯定知道我会报复的：我过不久会找机会向“干坏事者”表示谢意（甚至对这件坏事表示感谢）——或者找个机会向他请求点什么，这种方式比给予更加亲切……我还觉得，最粗俗的言语，最粗俗的信件都要比沉默更加无危险，更加正直。沉默不语的人内心里几乎总是缺少高尚和礼貌；沉默就表示有异议，强吞下自己的异议必然会产生坏的性格，——这会毁坏自己的胃。所有保持沉默的人都是消化不良的人。可以看出，我没有低估粗俗这个词的意思。粗俗是十分富有人情味的反驳形式，在温情脉脉的今天，它是我们最重要的美德之一。如果一个人十分粗俗，就算他没有道理，这也是一种幸福。如果上帝来到人间，它有权干无礼之事，——不受惩罚而自己承担罪责，这才算是神。

6

摆脱怨恨，弄清怨恨——谁知道在这方面我是多么由衷地感谢我长期的疾病！问题不是那么简单：人们必须从力量和虚弱出发亲身经历过。如果随便什么东西对疾病和虚弱都有效，那么病人和弱者身上原有的痊愈本能——人体的预防本能和战斗本能——就会失去。人们不知道要摆脱什么，不知道要对付什么，也不知道要厌恶什么，——伤害了一切东西。人和物件纠缠不清，阅历过于深奥，回忆是化脓的伤口。疾病就是一种怨恨。——对此，病人只有一剂良药——我称之为俄国的宿命论，那种不抵抗的宿命论。有个俄国士兵觉得打仗很艰辛，于是就运用不抵抗的宿命论，最后钻进雪堆里。他不接受外界的任何信息，对于外面的信息不看，不听，不思索，对一切东西变得毫无反应……这种宿命论的伟大理智不仅体现了视死如归的勇气，而且在有生命危险的情况下可作为保存生命的方法，可降低代谢作用，减缓新陈代谢就是一种要冬眠的意志。根据这种逻辑再往前走几步，那就是苦行僧了，他们可以在墓穴里睡上几个星期……因为当一个人遇事都要反应时，他会很快精疲力竭的，于是他就根本不再做出反应了：这就是逻辑。没有任何东西比怨恨的情绪更能耗尽人的精力了。抑郁烦闷，过于敏感，无力报复，欲望强烈，渴望复仇，这种种毒素混杂在每个人的思想里——这对于精疲力竭的人来说，确是最不利的反应方式：它会迅速消耗神经力量，会过分增加有损健康的排泄，比如，胆汁流人胃中，就是由此引起的。怨恨对于病人来说本来是要禁止的——怨恨是病人的恶魔：很遗憾，它也是病人最自然的习气。——那位渊博的生理学家释迦牟尼[①]对此十分了解。我们最好把他的“宗教”称为卫生学，以避免把它同基督教那种最卑劣的东西相混淆。释迦牟尼的宗教所产生的效果取决于它战胜了怨恨：让心灵从怨恨中解脱出来——这是走向痊愈的第一步。“不能以敌对来结束敌对，只能以友好来结束敌对”：这是

① 释迦牟尼（公元前563—前483），佛教创始人，被信徒尊为“佛陀”（觉悟者），简称“佛”。——译者注

佛祖教义的开端——这不是道德的主张，而是生理学的主张。由虚弱而产生怨恨，受损害最大的莫过于虚弱者本人，——相反，对一个富于精力的人而言，怨恨就是多余的情感，克制怨恨的情感几乎是精力充沛的证明。我的哲学以严肃的态度把同复仇感和怨恨感所做的斗争进行到“自由意志”学说的领域里——同基督教的斗争只不过是由此产生的个别事例罢了。谁了解了我这种严肃的态度，谁就会明白，为什么我偏要在这里表明我个人的态度，也就是我在实践中的本能的自信。在我颓废时，我不允许自己有这样的情感，因为它是有害的；一旦生命恢复健康，并对此感到自豪时，我还是要压制这种情感。我所说的“俄国的宿命论”在我身上的表现是这样的：多年以来，我面临意想不到的几乎不堪忍受的环境、场地、居所和社交圈子时，我坚持苦守在那里，——这比改变它们要好些，这比感觉到它们是可改变的要好些，这比反抗它们要好些……那时，凡是阻碍我奉行这种宿命论的，用强制的办法唤醒我的，我都十分恼怒——实际上，每次都非常危险。——把自己视为天命，不想自己“与众不同”——这就是在这种情况下的伟大的理性本身。

7

另外一件事就是战争。按我的天性，我是好战的。进攻是我的天性之一。能够与人为敌，当反对者——这也许要以坚强的天性为前提，这都要取决于坚强的天性。这种天性需要反抗，所以它在寻求反抗：好斗的激情必然属于强者，正如复仇感和怨恨感必然属于弱者一样。比如说，女人是有强烈报复欲的：这是由她的软弱所决定的，就像她对别人的困境容易产生兴奋感一样。进攻者需要敌手，进攻者的力量用在敌手身上要恰如其分；力量的增加要表现在所寻找的强大的敌手身上，或者表现在所探索的重大的课题上：因为一个喜欢争论的哲学家也要向课题挑战。哲学家的使命不在于制服一般的反抗，而在于制服必须倾尽全力、随机应变和精通武艺才能战胜的敌手……势均力敌——这是诚实的决斗的首要条件。当你轻视对手时，就不能开战；当你发号施令时，当你蔑视某物时，也都不能开战。——我的战争实践归纳为四个原则：第一，我只攻击那些战果辉煌的对手，——也许我可以等到他们取得辉煌后再出击。第二，我只在找不到盟友、孤立无援、有损自己名誉的时候才向对手发起攻击……我从来没有公开抨击那些无损我名誉的言论，这就是我正当行为的准则。第三，我从来不搞人身攻击，——我只把个人当作高强度的放大镜，借此可以看清一个普通的潜滋暗长的和难以把握的困境。我用这种方式攻击过大卫・施特劳斯[①]。准确地说，我攻击的是一本在德国“教育界”获得成功的老朽之作，——我当场揭穿了这种教育的本质……我这样攻击过瓦格纳，确切地说，我攻击的是我们“文化”的虚伪和杂种文化的本性——把狡猾与富有，没落与伟大混为一谈。第四，我只攻击那些排除任何个性差异的事物，只攻击那些在任何情况下只有好经验的事物。相反，对我来说，攻击是友好的感激的证明。我把我的名字与某人的名字和某事的名称连在一起，以此表示我的尊敬和嘉奖：赞成或者反对——这对于我来说都一样。如果我向基督教宣战，我是有权这样做的，因为基督教没有让我感受过灾难与障碍，——严肃的基督教徒总是对我表示友

① 大卫・施特劳斯（1808—1874），德国唯心主义哲学家。——译者注

好。我本人一贯是基督教的敌手，我不赞成把几千年的祸患加在个人身上。——

8

我还可以斗胆表明一下我的天性中使我不容易与他人交往的最后一个特点吗？我对纯洁本能具有一种非常强烈的敏感性。因此，我能够在生理上察觉到（也就是嗅到）附近的东西，或者——我该怎么说呢？——也可以说察觉到最内在的东西，即每个人的“心灵”……这种敏感性使我产生了生理上的触角，我可以借此探察和掌握一切秘密。我与某些人一接触，就意识到他的心底隐藏着许多肮脏的东西——这也许是来自于卑劣的血统形成的，但是后来又因为受过教育而加以掩饰。如果我的观察正确，那么，那些无法忍受我的纯洁观的人看到我的厌恶态度也会小心谨慎一些：但是，他们并不因此变得嗅觉灵敏一点……对我来说，十分纯净是我生存的先决条件，在不干净的条件下我会丧命的。因此，我总是习惯于仿佛使自己经常在清水中、在任何一处有非常清澈的、银光闪闪的水中游泳、洗澡和嬉戏。这种纯洁观使我在与别人交往中经受了不少对忍耐的考验。我的人性不表现在同情别人，而表现在忍受我对别人的同情……我的人性是一种不断的自我克制。——但是，我需要孤独，我想说的是康复，回归自我，呼吸自由的，令人轻松愉快的空气……我整部《查拉图斯特拉如是说》就是一首对孤独的赞歌，或者，如果大家理解我的话，就是一首对纯洁的赞歌……幸而不是对单纯的傻瓜的赞歌。——谁富于色彩感，谁就会把这本书视为金刚石。——

对人的厌恶，对“恶棍”的厌恶，始终是我最大的危险……你们想听听“查拉图斯特拉”关于摆脱厌恶感的那些话吗？

我究竟遭遇到什么？我怎样才能摆脱厌恶感？谁能使我的眼睛返老还童？我怎样才能飞到高处，在那里再也没有恶棍坐在井边？

我的厌恶感已经为我增添了羽翼和预见源泉的力量了吗？真的，我必须飞到最高处，去重新找到快乐之泉！

啊，我的兄弟们！我已经找到了这口快乐之泉。在这高高的顶峰上，快乐之泉为我喷涌而出！这里有一个生命，在他旁边没有恶棍与他共饮！

快乐之泉，你几乎是过于迅猛地向我奔腾而来！你常常一饮而尽，想再斟满酒杯！

我还要学会更加谦虚地接近你，我的心非常猛烈地冲向你。——

我的心，我的夏天在我心中燃烧，这短暂、炎热、郁闷、快乐的夏天：我这颗夏天的心是多么渴望你的清凉！

在春天，迟迟不去的忧郁消失了！在6月，我那邪恶的雪花过去了！我完全变成了夏天和夏天的中午！

高山之巅的夏天，有清凉的泉水和令人陶醉的宁静：啊，我的朋友，你们来吧，这宁静将变得更加令人陶醉！

因为这是我们的山峰，我们的家园：我们住在这里，这对一切不纯洁的人和他们的渴望来说，是太高峻了。

朋友们，把你们纯洁的目光投向我那快乐之泉吧！这泉源怎能因不纯洁的人而变得浑浊呢？它应该以自身的纯洁微笑着去迎接你们。

在未来这棵树上，我们建筑自己的巢；鹰要以它们的喙为我们这些孤独的人送来食物！

不该提供食物给那些不洁者，这是千真万确的！他们以为可以食火，火却烧毁他们的嘴巴。

我们这里没有为不洁者准备居所，这是千真万确的！他们的身体和思想在冰窖里冻僵了，那就是我们的幸福！

我们要像疾风那样生活，高高地处在他们的上空，与雄鹰为邻，与白雪为邻，与太阳为邻，疾风就是这样生活着。

有朝一日，我要像一阵风从他们中间吹过，我要以我的精神窒息他们的精神：这就是我将来想干的事情。

对于所有卑贱者来说，查拉图斯特拉就是一阵疾风，这是千真万确的：他劝告他的敌人和一切会喷吐异物的东西："你们要当心，不要迎着查拉图斯特拉这阵风去喷吐！"……[1]

---

① 《查拉图斯特拉如是说》第二部分第六章。——译者注

我为什么这样聪明

1

为什么我知道的比别人多？我到底为什么这样聪明？我从来没有思考过那些不是问题的问题，——我没有对此浪费过精力。例如，我不是从经验中认识宗教的真实困难。我完全没有觉察到我怎么会是“有罪的”。同样，我也缺少一种可靠的标准去衡量：什么是悔恨。根据传闻，我似乎认为悔恨不值得重视……我不想事后对所做的行为后悔。我宁愿从价值问题出发，避开恶果，原则上避开后果。在出现恶果时，人们很难会用正确的眼光去看自己做过的事。我觉得，悔恨是一种“邪恶的眼光”。有些受挫了的事，因为它已经受挫了，所以更应该在这方面维护荣誉——倒不如说这更符合我的道德观。——“上帝”“不朽的灵魂”“解脱”“彼岸”，这些东西纯属概念，我对这些概念没有予以重视，也没有时间去重视它们，甚至我还是小孩时对它们也不重视，——在这方面也许我从来都未曾有过孩子气？——我了解的无神论绝对不是作为结果，更不是作为事件，我对无神论的理解出于本能。我过于好奇，过多疑虑，过分傲慢，因此，粗浅的回答不会让我满意。对我们思想家来说，上帝是一个粗浅的回答，上帝不是美味佳肴——从根本上说，上帝甚至只是对我们发出一道粗暴的禁令：你们不要思考！……另外一个问题使我产生更大的兴趣："拯救人类"与其说有赖于神学的奇迹，不如说取决于营养问题。对于营养问题，我们可以这样信手写来："为了达到最大的力量，得到具有文艺复兴时期那种风格的道德，摆脱虚伪的道德，你应该怎样养活自己？"——在这方面我的经验是非常糟糕的。我感到很惊讶，我这么迟才听到这个问题，这么迟才从这些经验中学到"理智"。只有我们德国文化十分卑劣的行为（它的"理想主义"）才能向我做出一些说明：为什么我正好在这方面落后到了极点。这种"文化"从一开始就要我们忽视现实，去追求令人怀疑的所谓"理想的"目标，例如，追求"古典文化"：它不是从一开始就注定要把"古典的"和"德国的"统一在一个概念里！还有更可笑的，——你去想象一下一个"受古典教育的"莱比锡人吧！——事实上，我直到长大成人一直都吃得很差，——用道德上的话来说，"非个人的""无私的""忘我的"，都是为了厨师和其他基督教徒同道人的幸福。例如，莱比锡的厨艺和我对叔本华[1]的初步研究（1865年）使我郑重其事地否定了我的"生命意志"。如果要使自己营养不良，并损害自己的胃，我看上述提到的那种厨艺就能成功地解决问题。（据说，1866年有所变化。）但是德国的厨艺——难道不要负一点责任！餐前喝汤（早在16世纪威尼斯食谱中就称之为根据德国厨艺做的），把肉熬烂，把蔬菜煮得油腻、黏糊糊的，变质的面食就像镇纸一般！如果人们想想古代德国人（绝对不仅仅是古代德国人）

① 叔本华（1788—1860），德国唯心主义哲学家。——译者注

需要饭后狂饮，那么也就了解德国精神的来源——来自增加负担的肠胃……德国精神就是消化不良，它什么东西都消化不了。——但是，即使是英国的节制饮食，也是与我的本能相对立的，它与德国的，甚至与法国的饮食相比，是“返回自然”一种厨艺方式，也就是返回原始吃法。我觉得，英国的节制饮食也会给精神踩上沉重的脚——英国女人的脚——最好的厨艺在皮埃蒙特[①]。——我不会喝酒，一天只要喝一杯葡萄酒或啤酒，就足以使我的生活陷入“苦海”，与我相反，喝得酩酊大醉的人生活在慕尼黑。我比较迟——人到中年——才意识到这点，但是我在童年时就已经体验过了。当我还是小孩时，我认为喝酒和抽烟最初不过是年轻人的虚荣心，后来才变成坏习惯。也许瑙姆堡[②]葡萄酒要对这个酸涩的判断负责了。相信葡萄酒会使人兴奋的，这样我一定是基督教徒了，我要说，我相信的东西对于我而言正好是荒谬的东西。奇特的是，少量冲淡的酒会使情绪变得极坏，如果喝的是烈酒，我就几乎成了水手。我还是小孩时在这方面就有过勇敢的表现。通宵达旦用拉丁文撰写一篇冗长的论文，并誊清一遍，心怀抱负要在行文的严谨和简练方面仿效我的典范萨鲁斯特，我在做拉丁文作业时喝了几口烈性的格罗格酒，——当我在有名望的舒尔普福塔中学就读时就这样了，这种做法绝对不会与我的生理有矛盾，或许也不会与萨鲁斯特的生理有矛盾——不管怎么说，都是为了有名望的普福塔中学……后来，接近中年时，我自然决心更加严格地反对任何“精神”饮料：我从经验出发是个反素食主义者，完全像理查德·瓦格纳一样，他使我转变看法，我还不能十分

① 意大利北部省份，首府为都灵。——译者注

② 德国萨克森·安哈特州。——译者注

严肃地劝告所有比较有灵性的人完全戒酒。喝水就行了……我更喜欢处处都有机会从源泉里汲水的地方（如尼斯[1]、都灵、西尔斯）；我像狗一样尾随着去渴求一小杯泉水。真理寓于酒中：看来，在这里，我关于"真理"的概念又与大家不同了。——在我这里，精神悠荡在水上方……从我的道德学中人们还可以得到一些启示。一顿饱餐要比只吃一点点更容易消化。消化良好的先决条件是要整个胃部都工作。人们必须认识到自己的胃有多大。出于同样的理由，劝告大家不要吃费时间的饭菜，我称之为吃吃停停的暴食，像吃豪华宴席上的佳肴。不吃两餐间的小食，不喝咖啡：咖啡使人变得忧郁。茶只有在早上喝才有助于健康。喝一点茶，但要浓；只要淡一点点，就没好处，使人整天觉得萎靡不振。在这方面，每个人都有自己的标准，不过可变化的范围常常是微乎其微。在气候使人烦躁不安时，开始不宜喝茶：可先在喝茶前一小时冲一杯浓的脱脂可可。——尽量少坐；不要相信在野外、在自由运动中不会诞生思想，——有这种想法肌肉也得不到舒展。一切偏见源于内脏。——我已经说过一次，坐着不动是真正违背神圣精神的罪过。

2

营养问题与地点和气候问题密切相关。没有人可以随意四处生活的；凡是必须完成伟大的使命，而这使命又需要他全力以赴的人，在这方面是没有多少选择余地的。气候对新陈代谢的影响（起到阻碍或加速的作用）是很大的，以致在选择地点和气候方面出现的差错，

① 尼斯位于法国，在意大利边境。——译者注

不仅会使人远离自己的使命，而且还会阻止他去完成使命：他永远无法正视这种使命。在他身上永远不会有足够的动物元气，能使他达到那种涌进精神世界的自由，此时此刻他就会认识到：这点我一个人就能办到……一点点内部器官惰性养成坏习惯之后，就足以使天才变成平凡，变成“德国式”的庸才；德国气候本身就足以使强壮而健全的内脏变得沮丧。新陈代谢的速度与精神步伐的灵活或迟钝有着密切关系；精神本身只是一种新陈代谢。我们可以举出天才人物曾经出现或正在出现的地方，在这些地方，诙谐、诡诈、阴险属于幸福，天才几乎都得在这里住下来：所有这些地方空气都很干燥。巴黎、普罗旺斯[①]、佛罗伦萨、耶路撒冷、雅典——这些地名证明了一点：天才都是有赖于干燥的空气和晴朗的天空，——也就是说，天才的产生有赖于快速的新陈代谢，有赖于能够不断地增添巨大的力量。我记得一件事，有一位伟大而思想开放的人，由于缺乏高雅的本能，在受到气候的影响时，就变得狭隘、自卑，成了专家和爱发牢骚的人。如果不是疾病迫使我变得理性，迫使我去思考现实中的理性，我自己最终也许会处在这种状况。现在我经过长期对自身的训练——就像用精密而可靠的仪器进行测定一样——了解到气候和气象起源造成的影响，在一次大概是从都灵到米兰的短途旅行中，我从自己生理的波动测出空气湿度的变化。于是我惊恐地想起一个可怕的事实：我的一生除了最近十年，有生命危险的岁月总是在一些错误的于我简直是禁地的地方度过。瑙姆堡、舒尔普福塔、图林根、莱比锡、巴塞尔——这些地方对我的生理都是不幸之地。假如我对童年和青年时期没有留下美好的记忆，那么在这里提出所谓的“道

① 地名，位于法国东南部。——译者注

德上的”原因（大概是指无可争辩地缺乏足够的社交）实在是愚蠢的：因为直到今天我还是像过去一样缺乏社交，但是也没有妨碍我成为快乐而勇敢的人。反而，对生理问题的无知——可咒骂的“理想主义”——是我生命中真正的不幸，是我生命中多余的和愚蠢的东西，从这个“理想主义”中产生不出任何优良的东西，对此没有可平衡和可以抵消的东西。从这个“理想主义”产生的后果中，说明了一切失误、一切伟大天性的误入歧途和“谦恭”都背离了我生命的使命。比如，我成了语言学家——为什么不是起码当个医生或者科学工作者呢？在巴塞尔的时候，我全部的精神生活，包括白天的日程安排，完全是毫无意义地去滥用非凡的精力，没有任何东西来弥补消耗掉的力量，也不去考虑消耗和补充的问题。过去我没有丝毫自私之心，没有对独断的本能予以任何的保护，与任何人都是一视同仁，我是“无私的”，忘却与他人保持距离——这点是我永远不能原谅自己的。当我差不多走到人生的终点时——由于我几乎走到了人生的终点——我才开始反思我一生中这个基本的非理性——“理想主义”。疾病才能使我变得理性。——

3

营养的选择、气候和地点的选择，——第三条就是他的休养方式的选择，这一条是万不可失误的。在这里，按照精神独特的境界，允许他的精神达到的境界，也就是有益的范围，也是狭窄的，并且是更加狭窄的。对我而言，我把一切阅读都当作消遣。因此，使我摆脱自我的东西，使我漫游于陌生学科和心灵世界里的东西，——都是我不再认真对待的东西。阅读刚好使我从严肃认真的工作中得到休息。在埋头工作时，在我这儿看不到书：我要避免别人在我旁边说话，甚至思考。那样就等于在阅读……你们可曾真正注意到，在孕育精神和整个机体都陷入高度紧张时，偶然事件和外来刺激会产生极其强烈的作用和极其沉重的“打击”吗？一个人必须尽可能避开偶然事件和外来刺激；自我壁垒一类属于精神孕育的第一智慧的本能。我能允许外来的思想悄悄地越过墙头吗？——这就叫作阅读……在劳作和收成的季节过后，便是休闲的时候了：你们来吧，你们这些讨人喜欢的有见解的有智慧的书！——那会是德国的书吗？……我得追忆半年前的事，那时我随手抓了一本书。那是一本什么书？——那是维克多·勃罗查德[①]的杰作《希腊怀疑论者》。在这部作品中，我撰写的《第欧根尼·拉尔修》[②]也得以很好的运用。怀疑论者是在两面性以至多面性的哲学家中唯一值得尊敬的人！……平时我几乎总是求助于同一类型的几本书，其实为数不多，刚好都是为我所论证了的。读书多而杂也许不是我的风格：房里堆满书会使我生病，喜欢多而杂的书籍也不是我的风格。对新书采取谨慎，甚至敌视的态度，与其说是“宽容”“宽宏大量”以及别的“博爱”，不如说是出于我的本能……归根结底，只有少数几个早年的法国人使我念念不忘：我只相信法国教育，我认为在欧洲称之为“教育”的一切东西都是误解，更不用说德国的“教育”了……我在德国发现的少数几个受过较高教育的人，都是来自法国，尤其是柯西

---

① 尼采同时代普通的哲学家。——译者注

② 尼采上大学时写的一篇论文。第欧根尼·拉尔修是公元 3 世纪的古希腊哲学家。——译者注

玛·瓦格纳夫人，就我所知，她的鉴赏力绝对是第一流的……我不读帕斯卡[①]的作品，但却喜欢帕斯卡，他是基督教最有教益的牺牲品，他是慢慢地被杀戮的，先是在肉体上，然后在心理上，这是惨无人道的极其恐惧的整个逻辑；我在精神上具有某种蒙田[②]式的任性，谁知道呢？也许在我的肉体里也有；我的艺术鉴赏力维护莫里哀[③]、高乃依和拉辛等人的大名，而对莎士比亚[④]这样狂放的天才不无表示愤恨；但我始终排除也把现代法国人看作有魅力的上流人群。我确是不知道，历史上有哪一个世纪，能像今天的巴黎那样拥有一批如此好奇而又如此精明的心理学家。我试着列举——因为他们的人数真不少——例如保尔·布尔热、比埃尔－洛蒂、吉普[⑤]、美拉克[⑥]、阿纳托尔·法朗士[⑦]、朱尔·勒梅特尔[⑧]诸位先生，或者为了突出这个强大的种族中的一员，可以举出一位我特别喜欢的真正的拉丁人：莫泊桑[⑨]。我们私下说，我推崇这一代人，甚至胜过他们的大师，因为这些大师全都被德国的哲学毁坏了：例如，泰纳[⑩]先生被黑格尔毁坏了，他就是受黑格尔[⑪]的影响才误解了伟大的人物和伟大的时代。只要德国够得着的地方，那里的文化就会被捣毁。战争才“拯救”了

① 帕斯卡（1623—1662），法国哲学家。——译者注
② 蒙田（1533—1592），法国文艺复兴时期人文主义思想家。——译者注
③ 莫里哀（1622—1673），法国悲剧大师。——译者注
④ 莎士比亚（1564—1616），英国文艺复兴时期戏剧家。——译者注
⑤ 吉普（1850—1932），法国女作家。——译者注
⑥ 美拉克（1831—1897），法国戏剧家。——译者注
⑦ 阿纳托尔·法朗士（1844—1924），法国作家。——译者注
⑧ 朱尔·勒梅特尔（1853—1914），法国小说家。——译者注
⑨ 莫泊桑（1850—1893），法国作家，一生写了近300篇短篇小说和6部长篇小说。——译者注
⑩ 泰纳（1828—1893），法国历史学家。——译者注
⑪ 黑格尔（1770—1831），德国哲学家。——译者注

法国的精神……司汤达[1]是我生命中最美好的偶然事件之一——因为我在他那个时期做的有划时代意义的一切事件都是来于偶然，从来都不是我借鉴别人的一不可估量的心理学家的先见之明，他一接触到事实就能事件的来临（见拿破仑的大手臂就可以知道他能一手撑天）；最后，并不重要的，作为诚实的无神论者，一个在法国不可多得的、几乎未曾遇见过的人——光荣的普洛斯佩·梅里美[2]……也许我本人会嫉妒司汤达？他从我这里夺走了一句最美妙的有关无神论的俏皮话，这句话本该由我来说："上帝唯一可原谅的地方，就是它并不存在。"……我本人在什么地方也说过：到目前为止，什么是对生存的最大非难？上帝……

4

海因里希·海涅[3]给了我抒情诗人的最高概念。我在几个世纪的所有国家中，寻找着同样甜蜜而又热情的音乐，但都是白费力气的。海涅具有那种神一样的恶意，没有这种恶意，我就无法想象什么是完美，——我评估人和种族的价值，就是看他们如何去理解上帝和萨蒂尔不可分离的必然性。——他是怎样运用德语的啊！总有一天人们会说，海涅和我绝对是德国语言的第一流艺术家——我们还大大地超越了纯粹的德国人用德语所能成就的一切东西。——

① 司汤达（1783—1842），法国作家，《红与黑》的作者。——译者注
② 普罗斯佩·梅里美（1803—1870），法国作家。——译者注
③ 海因里希·海涅（1797—1856），德国著名诗人。——译者注

我与拜伦[1]的诗剧《曼弗雷德》中的主人公肯定有着很深的亲缘关系：我在自己身上发现了其一切道德上的大罪，——我十三岁时已成熟到能读懂这部著作了。对于那些当着曼弗雷德的面敢于提起浮士德[2]这个词的人，我无话可说，只是报以一瞥。德国人对任何伟大的概念都是无能为力的，舒曼[3]就是例子。出于对这个虚情假意的萨克森人的愤怒，我特意给《曼弗雷德》谱写过一首反序曲。汉斯·冯·毕洛夫[4]说，他从来没有见过与此相似的乐谱：这简直是冒渎欧特佩[5]。——如果我要为莎士比亚寻找最高的公式，我始终只找到这个公式：他塑造了恺撒这个典型。一个人想不出这种典型，——要么他就是这种典型，要么他不是这种典型。这个大诗人的创作只能取材于他的现实——以致他后来不能再忍受自己的作品了……当我看了一眼我的"查拉图斯特拉"，我就要在房间里来回踱步半个小时，因为无法抑制难以忍受的悲恸的痉挛。——我不知道还有比读莎士比亚更令人伤心的作品了：一个人为了要当这样的傻瓜，要受多少的罪啊！——你理解哈姆雷特[6]吗？会逼人发狂的，这不是怀疑，而是肯定……但是一个人必须在深处，必须到深谷去，必须是哲学家，才能有这种体会……我们大家都害怕真理……我承认：我本能上肯定并确信，培根[7]是这种令人可怕的文学类型的发起者和自虐

① 拜伦（1788—1824），英国浪漫主义诗人，以主人公的名字命名的《曼弗雷德》是他的一部重要诗剧。——译者注

② 歌德诗歌《浮士德》中的主人公。——译者注

③ 舒曼（1810—1856），德国著名作曲家，音乐评论家。——译者注

④ 汉斯·冯·毕洛夫（1830—1894），德国钢琴家兼指挥家。——译者注

⑤ 欧特佩，希腊神话中的音乐女神。——译者注

⑥ 莎士比亚创作的《哈姆雷特》悲剧中的主人公。——译者注

⑦ 培根（1561—1626），英国著名哲学家。——译者注

者：美国的无主见者和平庸之辈的可悲的饶舌与我有何相干呢？但是，要使幻想成为最大的现实性的力不仅与成为行动、成为行动的怪物，成为罪犯的最强大的力是一致的——而且前者是后者的先决条件……长期以来，我们对培根——从文字的大意来说，他是第一位现实主义者——了解得不够多，因此，想知道他干了些什么，想干什么，亲身经历了什么……见鬼去吧，我的批评家先生们！如果我当时给我的"查拉图斯特拉"取个陌生的名字，比如说取名理查德·瓦格纳，那么凭两千年修炼的洞察力也难以猜出，《人性的，太人性的》的作者是"查拉图斯特拉"的幻影……

5

谈到我恢复健康问题时，我在这里有必要说一句：我要对那些在我一生中最深厚、最亲切地使我康复的事情表示谢意。毫无疑问，这指的是同理查德·瓦格纳的亲密往来。对我来说，其他人都是低劣的；我无法抹去在特利普森[①]度过的日子，那是信赖而快乐的日子，那是高品位的、意想不到的日子——有着深刻印象的瞬间……我不知道，别人和瓦格纳在一起有什么体会：从来没有一朵云彩掠过我们的上空。——因此，我再次提起法国，——对于瓦格纳派系的所有这类人，只要蔑视地撇一下嘴角就够了，我没有理由去尊敬哪一个认为自己像瓦格纳的人……我具有高深的天性，凡是德国的东西都和我格格不入，以致只要和德国人接近就感到反胃，我与瓦格纳的第一次接触，也是我生命中第一次深呼吸：我感觉到，我尊敬他，

① 特利普森，瓦格纳在瑞士的住处。——译者注

把他看作异国人，看作对立面，看作对一切“德国道德”的真正的抗议者。——19世纪50年代，我们在泥潭般的氛围中度过童年，因此，我们对“德国的”这个概念必然是悲观者；我们只能当革命者，——我们绝不容许出现伪君子高高在上的情景。不管这个伪君子今天如何乔装打扮，不管他是穿鲜红外衣还是穿轻骑兵的制服，对我来说完全是无关紧要的……好吧！瓦格纳曾经是一位革命者——他离开了德国人……作为艺术家，一个人在欧洲除了巴黎便没有栖身之地；艺术上的五种微妙的感觉（这是瓦格纳艺术的先决条件），那种精细入微的感觉，心理上的病态，这些只有在巴黎才能找到。在任何地方，人们都没有狂热地去追求形式问题，都没有严肃认真地去对待舞台布景——而巴黎的认真却是出类拔萃的。在德国，人们对于像巴黎艺术家那样心存远大的志向根本没有什么概念。德国人是温和的——而瓦格纳绝对不是温和的……但是关于瓦格纳归属哪一类，与谁有亲缘关系，我已经说得够多了（见《善恶的彼岸》）：这就是法国后期浪漫派，属于那种青云在上、飞黄腾达类型的艺术家，如德拉克罗瓦[①]和柏辽兹[②]，他们都具有病态，本质上不可救药，他们都是追求表现的不折不扣的狂热分子，都是彻头彻尾的名家……究竟谁是瓦格纳第一个有才智的追随者呢？夏尔·波德莱尔[③]，他首先理解了德拉克罗瓦，是个典型的颓废派，整整一代的艺术家在他身上重新认识了自己——他也许也是最后一个——我永远不能原谅瓦格纳的是什么呢？就是他屈节听从德国人——他成了德意志国家的人……

① 德拉克罗瓦（1798—1863），法国浪漫派画家。——译者注

② 柏辽兹（1803—1869），法国浪漫派作曲家。——译者注

③ 夏尔·波德莱尔（1821—1867），法国诗人。——译者注

只要德国够得着的地方，那儿的文化就会被捣毁。——

6

经过全面考虑，要是没有瓦格纳的音乐，我就无法忍受我的青年时代。因为我已注定成为德国人了。如果一个人想摆脱忍受不住的压力，那么他就需要大麻了。好吧，那我就需要瓦格纳。瓦格纳是对付一切德国东西的一流的抗毒素——他也是毒品，这点我不否认……从我听到《特里斯坦》[①]钢琴片段的那一刻起——向你致敬，冯·毕洛夫先生！——我成了瓦格纳派了。我觉得瓦格纳早期作品并不怎么样——还是太平庸了，太"德国化"了……但是我今天还在寻找一部作品，像《特里斯坦》那样具有相同惊险的诱惑力，具有相同无限的恐惧和无限的甜蜜。——我找遍了所有的艺术作品，但是徒劳无功。只要响起《特里斯坦》的第一个音符，达·芬奇[②]的所有神秘感便失去了魅力。这部作品绝对是瓦格纳的登峰造极之作；当作消遣，他又创作了《名歌手》和《指环》。这两部作品使他变得更健康了——不过，对于像瓦格纳那样的天性而言，这是一个退步……我生逢其时，又生活在德国人之中，使我成熟到能适应这部作品，我把这看成是最大的幸福：在我身上，心理学家的好奇心竟能达到如此程度。对于一个从来没有病得足以沉湎于这种"地狱般的狂欢"的人来说，世界是贫乏的：应该允许、甚至命令在这里使

① 瓦格纳 1859 年创作的一部歌剧，全名为《特里斯坦和伊索尔德》。——译者注

② 达·芬奇（1452—1519），意大利文艺复兴时期著名画家。——译者注

用一种神秘的用语。——我想，我比任何人都了解瓦格纳能够创造奇迹，除了他没有人能够展翅飞翔在令人陶醉的大千世界；像我这样，强大得足以把最可疑和最危险的东西转变为有益于我的东西，因此使我变得更为强大，所以我把瓦格纳称为我生命中最大的恩人。我们有亲缘关系的原因在于，我们遭受到的痛苦要比本世纪其他人所能忍受的痛苦更深，而且我们还要遭受互动干戈的痛苦，这就将我们的名字永远连在一起；无疑，在德国人中间瓦格纳只是被误解了，我也是这样，而且永远是这样。——你们首先要经过两百年的心理和艺术方面的训练，我的日耳曼先生们！……但是这已经无法补救了。——

7

我还要对那些机敏的读者说一句：我到底想从音乐那里得到什么。音乐是愉快的，强烈的，像十月的午后一样。音乐是奇特的、欢快的、温柔的，像一个卑俗而妩媚的、娇小而甜蜜的女子……我永远不同意说德国人会懂得，什么是音乐。那些所谓的德国音乐家，特别是最伟大的音乐家都是外国人，斯拉夫人、克罗地亚人、意大利人、荷兰人或犹太人；在另外的情况下，像海因里希·许茨[1]、巴赫[2]和亨德尔[3]，他们都是属于强大种族的德国人，已经绝种的德国人。我本人还是十足的波兰人，与肖邦[4]相比，我献给音乐的只有一

① 海因里希·许茨（1585—1672），德国作曲家。——译者注

② 巴赫（1685—1750），德国作曲家。——译者注

③ 亨德尔（1685—1759），德国作曲家。——译者注

④ 肖邦（1810—1849），波兰钢琴家和作曲家。——译者注

丁点儿。我看，这出于三个原因，我要把瓦格纳的齐格弗里特[①]式的田园诗作为例外，也许也要把李斯特[②]的某些作品作为例外，他有气派的管弦乐调子胜过所有的音乐家；最后还要把在阿尔卑斯山那边生长的一切东西作为例外——在这一边……我不能缺少罗西尼[③]，也不能缺少我的南国音乐，我的威尼斯音乐大师彼得·加斯特[④]的音乐。如果我说起阿尔卑斯山的那边，我真正指的只是威尼斯。如果我要寻找另外一个词来表示音乐，我认为这个词还只是“威尼斯”。我不会区分眼泪和音乐之间的差别，我知道，出于恐惧而战战兢兢地去思念南方，是件高兴的事。

不久前在一个褐色的夜晚，
我伫立在桥边。
歌声从远方飘来：
桥下流水叮当响，
从荡漾的水面掠过。
游艇，灯光，音乐——
醉人的景象融入暮色间。
我的灵魂，像弦乐演奏，
暗中受到感动而吟唱，
还有一首游艇之歌悄悄做伴，

① 瓦格纳著名歌剧《尼伯龙根的指环》主人公。——译者注
② 李斯特（1811—1886），匈牙利钢琴家和作曲家。——译者注
③ 罗西尼（1792—1868），意大利作曲家。——译者注
④ 彼得·加斯特（1854—1918），德国作家和作曲家。尼采著作的出版者。——译者注

由于纷繁的欢乐而颤抖，

——难道有人在倾听？……

8

在所有这些事物中——营养、地方、气候和休养的选择——居主导地位的是自我保存的本能，毋庸置疑，自我保护的本能就是自卫的本能。对许多事物采取不看、不闻、不接近的态度——这是最最聪明的，不是偶然的而是必然的第一证明。能运用这种自卫本能的词语就是鉴赏力。它的命令式在Ja[①]表示“无私”时不仅指令说Nein[②]，而且尽可能少说Nein。要摆脱那些总是需要说Nein的东西。道理在于抵抗力的消耗（尽管还不多）变成常规和习惯之后，就会引起特别的、十分广泛的贫困。我们巨大的消耗是由经常性的、少量的消耗积累起来的。抵抗，与人和事保持距离，这是一种消耗——对此你不要欺骗自己——一种出于消极目的浪费力量的消耗。一个人只有在不断需要防卫时，可以变得十分软弱，才能不再保护自己。——如果我走出我的家门，找到的不是幽静和高雅的都灵[③]，而是德国的一座小城：我的本能将会停止遏制从这个没有鲜明特色而卑鄙的世界向它袭来的一切东西。或者，我找到的是德国的大城市，这个造出来的不道德之地，什么都发展不了，不管任何东西，是好的还是坏的，出色的东西都是外来的。那么，我不是得在那里变成

---

① 德文“是”的意思。

② 德文“不”的意思。

③ 意大利小城。

一只刺猬吗？——但是，长刺是一种浪费，甚至是加倍的浪费——如果是赤裸裸的，没有刺，只要张开的双手……

另一种聪明和自卫是要坚持尽可能少做反应，要避开使人注定似乎会失去“自由”，还要失去创造力，变成只会起反应的那种环境和条件。我拿读书做比喻。一个其实只会“翻阅”书本的学者——平庸的语言学家一天可以翻阅大约两百本书——最终会完全失去独立思考的能力。如果他不翻阅书本，他就不会思考。当他思考时，也只是回答有吸引力的东西，回答书中的思想，——最终他只能对书本起反应作用。学者把自己全部的精力花在肯定和否定上，花在对某事已有看法的批评上，——他自己就不用再思考了……他身上的自卫本能就变得软弱无力；在另一种情况下，他可能会对书本进行驳斥。学者——就是颓废派。——下面的情况是我亲眼所见：天分很高，思想自由的人早在 19 世纪 30 年代已“因为读书而蒙受耻辱”，只剩下像火柴那样需要摩擦才能产生火花——“思想”。——黎明前的清晨，万物清新，早晨，人的精力充沛，这时候去读书——我称之为不道德的行为！——

9

在这里，不用再兜圈子就对下述问题作一个直接的回答：一个人怎样成为他现在这样。为此，我接触到自我保存艺术的杰作——利己主义……假定说，使命、信念、使命的遭遇都明显地超出一般的标准，那么就没有什么东西比面对肩负使命的自我更为危险的东西了。一个人要成为他现在这个样子，先决条件是：他根本没有料到自己会成为现在这个样子。按照这种观点，甚至连生命中的失误，浪费在那些远离使命的工作上的暂时走上歧途和邪路、迟疑、“谦虚”以及真诚，也都有其独特的意义和价值。这里面可能表现出伟大的智慧，甚至是最高的智慧。在这里，反求诸己也许是走向毁灭的处方，而自我忘却、自我误解、自我蔑视、自我狭隘化和自我平庸化却会变成理性本身。用道德上的用语来表达：博爱、舍己为人等等可能是保持最强烈的自我保护的准则。例外情况是：与我惯常的原则和信念相反，我站在“忘我”本能的一边：这种本能在这里是为自私和自律服务的。——人们必须使整个意识表面——意识就是表面——保持纯洁，不受任何伟大的绝对命令的污染。甚至要当心任何大话，要当心任何伟大的姿态！真正的危险在于，本能过早地“了解自己”。在这期间，那种有组织性的、适合执政的、很想从政的思想深处的“观念”不断地生长出来，——这种想法开始发号施令，慢慢地把人从歧途和邪路中拉回来，它预备了各种品质和能力，总有一天这些品质和能力会被证明是实现整体必不可少的东西，——按照顺序，在它还没有透露任何有关“重要使命”“目标”“宗旨”和“意义”的迹象之前，它就培养了一切有用的能力。——从这个角度来看，我的一生简直是充满奇迹。为了完成重估一切价值的使命，也许需要比一般人具有更多的能力，特别需要对立的、没有互相干扰的、没有互相破坏的能力。能力的等级制；距离感；艺术分歧而不互相为敌；不混淆任何东西，不“调和”任何东西；种类繁多而不混乱——这是我本能的先决条件，是我本能长期进行的秘密工作和艺术家气质的体现。这种本能保护得非常好，以致我完全不知道，在我心里滋长着什么，——我所有的能力很成熟，达到十分完美的程度，有一天突然爆发了出来。在我的记忆中，我似乎没有为任何事情竭力奋斗过，——在我的一生中，无法证明我做过一丝一毫的拼搏，我是一个与英雄气质相反的人。心中“想要”什么，“追求”什么，胸怀一个“志向”，心存一个“愿望”——从我的经验中，我对这些都一无所知。此时此刻，我展望我的未来——遥远的未来！——如同展望平静的海面一样：没有丝毫的渴念会打扰大海的宁静。我丝毫不想改变现状，我本人也不想变成另外一个人。但是，我就是这样生活过来的。我没有什么愿望。有人在自己活了四十四岁之后可以这样说，他没有为荣誉、女人和金钱奋斗过！——我本来就不缺这些东西……比如说，有一天我当上了教授，——太遥远的事情我从来没有考虑过，因为我那时还不到二十四岁。有一天，我提早两年成了语言学家。之所以这样说，是因为我的第一篇语言学的论文——不管从哪个角度说，这篇论文都是我的起点——按照我的导师李奇耳的要求，发表在他主办的杂志《莱茵博物馆》上（李奇耳[①]——我怀着敬意提起这个名字——他是我至今所见过的唯一天才的学者。他具有那种令人舒适的迂腐气，这种气质是我们图林根人的特征，甚至连德国人也对此有好感——为了找到真理，我们甚至宁愿选择隐蔽的小路。我想把这几句话用在我较亲近的老乡，聪明的列奥波特·冯·兰克[②]身上，绝对不会低估他……）

① 李奇耳（1806—1876），德国古典语言学家，尼采在莱比锡的导师。——译者注

② 列奥波特·冯·兰克（1795—1865），德国历史学家。——译者注

10

在这里，有必要讲一个大的意识问题。人们也许会问，为什么我会叙述这些微不足道的小事，按照习惯的判断来说，为什么我会叙述这些无关紧要的事情；如果我确定要担任伟大的使命，那就更加伤害我自己。我的回答：这些微不足道的事情——营养、地方、气候、休养，使自私自利成为现实——都超越全部的概念，比人们至今为止认为重要的所有东西都更加重要。正是在这些问题上，人们必须开始重新学习。人类至今为止认真思考过的问题甚至都不是现实的，而纯粹是幻想，严格地说，谎言来自病态的、最深层意识受到伤害的人的恶劣之本能——所有这些概念是指“上帝”“灵魂”“美德”“罪恶”“彼岸”“真理”“永恒的生命”……但是人们却在这些概念中寻找人性的伟大和人性的“神圣”……所有政治上的问题、所有社会制度的问题、所有教育问题统统都是虚假的，它们把危害性最大的人视为伟大的人物，——它们教诲别人轻视“微不足道”的事，其实就是轻视生活上基本的东西……我们现在的文化从高度上来说是歧义的……德国皇帝同教皇串通一气，好像生命死敌的代表人物不是教皇！……今天创立的价值，三年后就不复存在。——如果我以此衡量自己，我会什么，不值一谈，我要做的就是推翻，并建立前所未有的价值，跟任何一个普通的人相比，我要求更多的“伟大”这个词。如果现在我要把自己同那些向来被尊为人类中的上等人比较一下，那么两者间的差别是明显的。我根本不把这些所谓的“上等人”当作人，——在我看来，他们是人类的渣滓，是疾病和有强烈复仇本能的怪物；他们纯粹是引发灾难的、完全无药可救的、仇视生命的非人……我要与他们为敌：我的优先权是，对健康本能的所有征兆的非常敏感。在我身上没有任何病态的迹象；我就是患重病时身上也没有病态；想在我的本质中找一丝狂热的痕迹，那是徒劳的。谁也无法证明，在我生命的任何时刻，我采取过狂妄或悲怆的态度。激昂的姿态不属于伟大；谁需要做作的姿态，谁就是虚伪的……提防所有性格多变的人！——当生活需要我付出最大的艰辛时，生活对于我来说变得轻松了，甚至是非常的轻松。谁在今秋七十天的时间里，看见我怀着对后代的责任感，不停顿地从事头等重要的、空前绝后的伟业，谁都察觉不到我身上有一点紧张的情绪，反而发觉我充满着活力和愉快。我从来没有吃得这样津津有味，睡得这样香甜。——我不知道除了用游戏，还可以用什么方式去从事伟大的使命：这是作为伟大的象征，是重要的先决条件。——一丝一毫的强迫，郁郁寡欢的面色，生硬拙劣的嗓音，所有这些都是对一个人表示不满，更多的是反对他的工作……必须要有坚强的神经……忍受孤独也是一种抗拒——我一直忍受“许多孤独”……在早年很荒唐的时候，七岁吧，我已经知道，人类的语言永远进不了我的耳朵：有人看见我为此感到忧伤吗？——我今天对每个人还是一样的随和，甚至还激励那些最卑贱的人：总而言之，我没有一点傲慢，毫不隐藏轻蔑。我蔑视谁，谁就会流露出，他被我蔑视：我仅仅以我的存在就能激怒那些体内流着卑劣血液的人……对于人类的伟大，我言简意赅地说就是热爱命运：一个人不要除此之外的其他东西，未来不要，过去不要，永远都不要。不仅不要忍受必然性，更不要隐瞒它，而要热爱它——在面对必然性时，所有的理想主义都是谎言……

我为什么能写出这样优秀的书

1

我是一回事，我的著作是另一回事。——在我还没有谈这些著作之前，我在这里首先要提一下对这些著作的理解或者不理解的问题。我只是随便提一下，其实并不合适：因为谈这个问题的时机绝对还没有到来。我的时代也还没有到来，有几本书要作为遗著发表。——不管什么时候，人们都需要建立另外的制度，在这些制度中人们过的生活和所受的教育就像我所理解的那样；也许哪一天甚至要设大学教授职位来讲解《查拉图斯特拉如是说》。但是，如果我今天就希望有人能听懂并领会我的真理，那么这与我的本能完全是矛盾的：今天人们不会听我的，今天人们还不懂得从我这里吸收东西，这不仅可以理解，而且在我看来也是有理由的。我不想被人混淆，同时，我不能混淆自己。——我再说一遍，在我的一生中，你很难证明我有什么“恶意”；即使是文字上的“恶意”，我也几乎举不出一个例子。相反，纯粹的傻事倒做了不少……我觉得，如果有人拿起我的一本书，——我甚至认为，他会因此脱掉鞋子，就更不用说脱去靴子了[1]，——那么他就可以证实他自己得到了罕见的嘉奖了……有一次，海因里希·冯·施泰因博士坦诚地诉说，他对我的《查拉图斯特拉如是说》一书完全不理解。我告诉他，这是很正常的：如果一个人理解了书中的六句话，也就是说，体会了这些话，那么他可以把普通人提升到“现代人”所能到达的更高一层的境界了。有了这种距离感，我怎么能希望我认识的“现代人”去读我的书呢！——我的成功与叔本华的成功刚好相反，——我说“现在没有人读我的书，将来也没有人读我的书”。——人们在否定我的著作时总是做出无辜的样子，我不想低估这种无辜给我带来的乐趣。还在今年夏天，有段时间我也许有能力以我重要的文学、太有分量的文学使其余的全部文学失去平衡，这时柏林大学有位教授好意地向我暗示，说我应该用另一种方式：这类东西没有人能读。——最后，不是德国，而是瑞士提交了两个极端的事例。维·魏德曼[2]博士在《联邦》杂志上发表了一篇有关《善恶的彼岸》的文章，标题为《尼采的危险著作》。另外，就是卡尔·施皮泰勒[3]先生对我的著作撰写了一篇综合报道，也发表在《联邦》杂志上。这两篇文章是我一生中最好的东西——对此我要小心谨慎地说……比如，后者把我的《查拉图斯特拉如是说》看作是“较高的风格尝试”，并希望我今后还关心一下内容。魏德曼博士表示敬重我在努力消除一切合乎礼节的情感方面所表现出来的勇气。——由于偶然略施狡诈之手腕，使得这些文章的每一句话都合乎逻辑，这让我肃然起敬，不过在事实上却是颠倒是非：其

① 脱去靴子，靴子在德语中有微微发抖的意思。——译者注

② 维·魏德曼（1842—1911），瑞士作家。——译者注

③ 卡尔·施皮泰勒（1845—1924），瑞士诗人。——译者注

实，他什么都不用做，只要“重估一切价值”，就能以引人注目的方式击中我的要害。——用不着把钉子钉在我的头上……更何况我试图得到一种解释。——最终，没有人能够从包括书本在内的事物中，听到比他已经知道的更多的东西。在经历中无法理解的东西，就无法分辨。让我们思考一个特殊的例子：例如一本书谈的纯粹是经历，而这些经历完全不可能是经常性的或少见的经验——那么它是一系列经验中的最初的语言。在这种情况下，简直什么也听不到，由于听觉上的错觉，在听不到什么东西的地方，也就以为那里什么东西都没有……总之，这是我通常的经验，如果你愿意，也可以称作我的经验的原创性。自以为理解我著作中某些东西的人，其实只是根据自己的想象从我的东西里整理出某些东西——常常与我的本意是相矛盾的，比如，说我是一个“理想主义者”；对我的东西毫无了解的人，就不会把我放在考虑之列。——“超人”这个词是教养最好的那一类型的人的标志，这种人与“现代”人、“好心”人、基督教徒和其他虚无主义者完全相反——这个词出自查拉图斯特拉之口，出自毁掉道德者之口，是个令人深思的词——这个词几乎处处都无辜地被理解为与“查拉图斯特拉”形象对立的那种价值，硬把超人说成是一类较高等的“理想主义”典型的人，是半个“圣人”，半个“天才”……由于这个词的缘故，另外一些受过教育的有角牲畜竟然怀疑我是达尔文主义者；在这里面，甚至又流露出那个违背知识和意志的大骗子卡莱尔[①]的“英雄崇拜”的思想，这种思想是我所深恶痛绝的。如果我悄悄地对某人说，他最好在凯撒·波尔查[②]那里而不

① 卡莱尔（1795—1881），英国作家，主张英雄崇拜。——译者注

② 凯撒·波尔查（1475—1507），意大利文艺复兴时代的诸侯。——译者注

是在帕西法耳那里寻找超人，他会不相信自己的耳朵的。——请大家原谅，我不能满足任何人的好奇心。我反对评论我的著作，尤其在报纸上。我的朋友，我的出版者知道这一点，他们不跟我谈诸如此类的事。有一次，在一个特殊的场合，我看见有人对我的一本书——《善恶的彼岸》——发表了种种非议；对此，我可以写一篇优秀的报道。要是你相信的话，《民族报》——普鲁士的一家报纸为我的外国读者写补充说明，恕我直言，我本人只读《巴黎晚报》——当真的，我知道这本书是"时代的象征"，是地地道道的真正的容克哲学，而《十字报》是缺乏勇气说这种话的……

2

这是对德国人说的：因为在其他地方我到处都有读者——他们都是杰出的智者，都是受过考验的，受过高级职位和职责教育的人物；甚至只有在我的读者中我才有真正的天才人物。在维也纳、圣彼得堡、斯德哥尔摩、哥本哈根、巴黎和纽约——到处都发现了我：只有在欧洲的平原德国没有发现我……我承认，我更喜欢那些没有读过我的书的读者，他们从来没有听过我的名字，也从来没有听过"哲学"这个词；但是，不管我走到哪里，比如说在都灵吧，那里的人一见到我，就显得轻松愉快。最使我感到得意的是市场上的老妇们，她们在没有为我挑选出最甜蜜的葡萄之前，是不肯停手的。达到这种程度，他肯定是哲学家了……人们称波兰人是斯拉夫民族中的法国人，这不是没有道理的。一个妩媚可爱的俄国女子时时刻刻都不会搞错我的身份。摆出庄严的样子，我做不到，这样反而使我变得十分尴尬……德国式的思想，德国式的感觉——我什么都会，但是，这一点超出了我的力量……我的老师李奇耳甚至认为，我在思考我的语言学论文时就像巴黎的小说家一样——荒唐而紧张。甚至在巴黎，人们也对我表现出的“临危不惧和感觉灵敏”感到惊讶——这是泰纳先生的说法——我担心，即使以酒神颂歌的最高形式人们也会在我身上发现掺入了永远不会变成愚蠢的——“德国式”的——精华……我不会变成其他的。上帝助我！阿门。——我们大家都知道，有些人甚至从经验中得知，长耳朵[①]是什么意思。那好吧，我敢声称，我有最短的耳朵。这一点会使妇女们很感兴趣——我觉得，她们感到我能比较正确地理解她们……我是最出色的反驴子，因而成了世界历史上的一个怪物——用希腊语，不仅仅用希腊语来说，我是反基督者……

3

我比较清楚我作为作家的特权；个别情况也向我证实，习惯读我的著作会“毁坏”鉴赏能力。人们简直不能再忍受其他的书了，至少是哲学的书。踏入这样一个高尚而微妙的世界是无可比拟的荣誉，——能做到这一点的绝对不会是德国人；这是人们最终应得的荣誉。但是，凡是与我一样到达意志高峰的人，就会体验到学习时带来的真正的兴奋：因为我来自小鸟从来都飞不到的高峰，我认得还没有人误入的深渊。有人对我说，读我的书会爱不释手……我的书甚至会扰乱夜间的宁静……绝对没有更为令人骄傲和完美的书

---

① 长耳朵：指驴。

了。——这些书达到了地球上人们所能到达的顶峰，算得上犬儒哲学[①]；人们必须有最敏感的感觉和最大的勇气才能征服这些书。任何脆弱的精神都学不了，甚至任何一次消化不良就永远学不好：一个人神经不要紧张，要有一个快乐的下身。不仅精神贫乏和狭隘会使你学不了，而且内心的怯懦和肮脏以及心怀复仇欲也使你学不了：我的一句话就会使你看到所有卑劣的本性。我在我的熟人那里做了很多试验，我津津有味地看着他们对我的著作做出各种各样的、富有教益的不同的反应。凡是不想涉及著作内容的人，比如我所谓的朋友，都会因此变成“无个性的”：他们祈愿我的幸福到达“这个地步”，——希望我在语气更为活泼方面再迈出一步……这些十分邪恶的“精灵”“美丽的灵魂”，彻头彻尾的骗子，他们简直不知道应该怎样读这些书，——因此他们就轻视这些书，这就是所有“美丽的灵魂”美好的合乎逻辑的行为。在我的朋友中间那些有角牲畜——恕我直言，纯粹的德国人——使我了解，他们并不总是同意我的意见，但是有时候，比如说……我甚至听到对《查拉图斯特拉如是说》这本书的不同意见……同样，人类的任何“女性化”，还有男人的女性化也是阻碍读我著作的一道关口：人们绝对不要进入这个可怕的知识迷宫。人们应该永不吝惜自己的精力，应该具有坚强不屈的习惯，才能在冷酷无情的真理中满怀信心，轻松愉快。假如要我想象一位完全的读者形象，那他总是一个有勇气而又好奇的怪物，此外，也是一个柔韧的、狡猾的、谨慎的怪物，还是一个天生的冒险家和探索者。最后，我不知说什么更好，我自言自语到底是对谁说，“查拉图斯特拉”这样说：他要向哪一个人讲述他的谜呢？

---

① 古希腊抱有玩世不恭思想的一派哲学家。——译者注

向你们这些勇敢的探索者和尝试者讲述，你们曾经驶着轻巧的帆船在惊涛骇浪的大海上航行——

向你们这些令人费解的酒徒和被假象迷惑的欢乐者讲述，你们的心灵被笛声引诱到每个令人发狂的深渊：

——因为你们不想用怯懦的手去探索一根线索；在你们能够猜对的地方，你们就会憎恨推断……[①]

4

同时，我还要概述一下我在风格方面的技巧。通过符号，包括这些符号的韵律，表达一种状态，表达一种激昂的内心紧张情绪——这就是每一种风格的意义；鉴于我的内心状态极其多样，因此，我能够表现多种多样的风格——具有任何人曾经具备的多方面的风格技巧。任何风格只要真正表达人的内心状态，只要在符号、符号的韵律、表情方面——所有多元组合句的法则都是表情的艺术——没有出错，都是好的风格。在这方面我的本能是不出差错的。——好的风格本身——纯粹是傻事，只是“理想主义”，大概像“美好本身”，像“完美本身”，像“事物本身”……还是有前提的，即要有听众——这些听众能够产生同样的激情，而且是当之无愧的，我们可以向他们倾诉衷情。——比如说，在此期间，我的“查拉图斯特拉”就在寻找这些人——啊！他还要找很长的时间！——人们肯定值得去听听他怎么说……直到那时，还没有人理解被浪费在这里的那种技巧：

① 《查拉图斯特拉如是说》第三部分第二章。——译者注

还从来没有人比这更多地浪费过崭新的、闻所未闻的、真正首创的艺术手法。认为在德语中可能有过类似的艺术手法，这种说法还有待证明：我本人可能曾经是坚决反对这种说法的。在我之前，人们不知道可以用德语做什么，——用这种语言到底可以做什么。——伟大韵律的技巧，多元组合句法则的伟大风格(用以表达一种高雅的、超人的激情的巨大波动)，这都是我首先发现的；带着《查拉图斯特拉如是说》第三部最后一节标题为《七个印记》的酒神之歌，我飞翔在向来被称作诗歌的千里高空之上。

5

——从我的著作中，可以看出我是一位无与伦比的心理学家，这也许是一位优秀读者的最佳眼力——就像我赢得的一位读者一样，他读我的书就像优秀的老语言学家读贺拉兹[①]一样。全世界的人，更不用说那些平庸的哲学家、道德学家和其他没有头脑的人，基本上都同意那些话，而那些话在我看来是错误的幼稚言行：比如，当自我本身只是一种“较高级的欺诈”，一种“理想”时，相信“无私”和“自私”是对立的……既没有自私的行动，也没有不自私的行动：这两个概念在心理学上都是荒谬的。或者“人人都追求幸福”……或者“幸福是道德的报答”……或者“快乐与不快乐是对立的”……人类的喀耳刻[②]——道德——彻头彻尾地伪造了一切心理学上的东西，使一切都道德化了，以致达到十分荒谬的地步，甚至连爱情都

① 贺拉兹（公元前65—前8），古罗马诗人。——译者注

② 喀耳刻，通译为瑟西，荷马史诗《奥德赛》中的女巫。——译者注

要有点“无私的”……一个人必须自己坐稳，必须勇敢地站稳脚跟，不然，根本就不能去爱别人。其实，女人非常清楚地认识到这一点：她们对那些忘我的、又冷落别人的男人不感兴趣……附带一句，容我猜想：我了解女人吗？这属于我的酒神的嫁妆。谁知道呢？也许我是永恒女性的第一位心理学家。她们都喜欢我——不幸的妇女除外，她们是不能生育的“被解放的女性”，这是过去的事了。——幸好，我不愿意让人把我撕碎：如果一个完美的女人爱你，她会把你撕碎的……我了解这些可爱的狂野的女人……啊，多么危险的、伪善的、隐蔽的小食肉动物！同时又多么令人愉快！……一个急于复仇的小妇人也许会在奔跑中冲撞自己的命运。——这种女人远比男人邪恶，但也远比男人聪明；女人身上的善良已经是蜕化的一种形式了的所谓的“美丽的心灵”，但从根本上来说还是存在生理——我说的不是所有情况，不然，我就有讽刺医学之嫌了。围绕平等权的斗争甚至成了疾病的一种症状：每个医生都知道这一点。女人味越浓的女子，越是拼命地反对一切权利：自然状态，两性斗争给予女人绝对的最高的地位。——你们听过我给爱情下的定义吗？这是唯一值得哲学家来下的定义。——爱情的手段就是斗争，爱情的基础就是两性间极大的怨恨。——你们听过我怎样回答如何使一个女人解脱，即“拯救”的问题吗？让她生一个孩子。女人需要孩子，而男人始终只是工具：查拉图斯特拉如是说——“妇女解放”——这是失败者仇恨的本能，这是没有生育能力的女人在反对有生育能力的女子——反对“男人”的斗争始终只是手段、借口和策略。她们抬高自己，是要作为“地道的女人”，作为“较高级的女人”，作为女性的“理想主义者”来贬低普通的女人，对此，没有比文科中学的教育、裤子和类似牲畜的政治投票权更为保险的手段了。从根本上说，解放了的女人是“永恒女人”世界里的无政府主义者，失败者，她们最低下的本能就是复仇……一种完整的极为恶毒的“理想主义”的类型（顺便提一下，这种“理想主义”也表现在男人身上），比如，易卜生[①]所描述的那个典型的老处女——这种理想主义类型的目的在于毒害良知，毒害性爱中的自然因素……为了不让别人对我在这方面所抱有的正派而严肃的信念产生怀疑，我还想从我的道德惯例中选出一句用以反对不道德行为：我用不道德行为这个词同一切违反自然的行为做斗争，或者，如果你们喜欢好听的字眼，就是同理想主义做斗争。这句话即：“宣扬贞洁就是公开煽动违反自然的行为。所有对性生活的蔑视，所有用‘不贞洁’这个概念对性生活的玷污，都是对生命的犯罪，——都是违反生命这个神圣精神的真正罪行。”——

6

为了理解作为心理学家的我，我举出在《善恶的彼岸》一书中出现的一段奇特的心理学描述，——此外，我不允许你们作任何推测：我在此处描述的是哪个人。“心灵的天才，像伟大的隐居者，像诱惑之神，像天生良知的捕鼠者，他的声音可以深入到每个灵魂的深处，他一言不发，也不看一眼，在他的目光里对诱惑不屑一顾，他懂得发光，这是他的高超技能——不是以他本来的面目出现，而是更多地强迫他的追随者，更加接近他，更加诚心地、彻底地追随他……

① 易卜生（1828—1906），挪威戏剧家，提倡妇女解放，代表作为《娜拉》。——译者注

心灵的天才，他使一切爱喧闹的人和爱虚荣的人默不作声，并教他们服从，他使粗暴的灵魂得到安宁，并让他们品尝新的希望，——静静地躺着，像一面镜子那样，让深邃的天空映照在他们上面……心灵的天才，他教导笨拙而鲁莽的人变得稳重，更巧妙地把握事情；他能猜测出在混浊而深厚的冰层下面隐藏着的和被遗忘的财宝、少量珍宝以及芳香的精神财富，他是探矿者，能把长期掩埋在泥沙深土中的每一粒金子探测出来……心灵的天才，由于接触了他，每个人都更加富有，不是恩赐的，不是从天而降的，不是像外来的财富使人感到喜悦，感到压抑，而是使自己致富，恢复了元气，冰雪融化，一阵和风吹来，他悄悄地探听，也许变得更加没把握，更加细弱，更加柔弱易破裂，但是却充满希望，说不出名堂的希望，充满新的意志和潮流，充满新的不满和反潮流……”①

① 《善恶的彼岸》第九章。——译者注

《悲剧的诞生》

1

为了公正地对待《悲剧的诞生》(1872年)一书，我们必须忘掉一些东西。这本书之所以产生影响，并能吸引人，正是它过错的地方——运用了瓦格纳主义，好像瓦格纳主义成了升起的象征。因此，这个作品在瓦格纳的一生中是一件大事：从那时开始，瓦格纳的名字才有了很大的希望。直到今天，人们还向我提起这件事，也许其中是由《帕西法耳》引起的：这个责任本来要由我来负，因为一般的意见认为，这个运动对文化是有很大价值的。——我发现，人们多次引用这个作品作为《由音乐精神产生的悲剧的再生》：人们只听了瓦格纳关于艺术、目标和使命的一个新的公式，——其实，隐藏在这个作品中极有价值的东西却被忽略了。"希腊文化和悲观主义"，这可能是一个明确的标题。这个标题的第一训诫就是，希腊人是怎样对付悲观主义的，——他们用什么办法克服了悲观主义。……正是悲剧证明了，希腊人不是悲观主义者：在这里，叔本华弄错了，正如他在各方面都弄错了一样。——站在不偏不倚的立场说句话,《悲剧的诞生》看来是不太合乎时宜的：人们做梦也想不到，这部作品是在沃特[1]战役的炮声中开始创作的。那时我在军中服役，担任医院护理工作，在九月的寒夜，我在麦茨[2]围墙下面把这些问题从头到尾思考了一遍；人们宁可相信，这部作品是五十年前写的。它不牵涉政治，——人们今天会说"非德意志的"，——它散发着有失体统的黑格尔气息，它只有在几个表达形式上带有叔本华报丧者的香水气味。这里有一个"思想"——狄奥尼索斯和阿波罗[3]的对立——被转译成形而上学；历史本身就是这个"思想"的发展，在悲剧中对立上升为统一；从表面看来，从来还没有在一起的事物，突然面面相对了，于是互相加以阐明，互相理解了……比如，歌剧和革命……这本书有两个决定性的革新，第一，希腊人对狄奥尼索斯现象的理解，有人对这个现象第一次进行心理上的分析，并把这个现象看作整个希腊艺术的一个根基。第二，对苏格拉底主义的认识：作为典型的颓废派第一次认识到苏格拉底是希腊解体的工具。"理性"违反本能。无论如何要把"理性"视为危险的、埋葬生命的暴力！——全书对基督教表现出深沉的敌意的缄默。基督教既不是阿波罗，也不是狄奥尼索斯；它否定一切美学价值——也就是《悲剧的诞生》一书中承认的唯一的价值：从最深刻的意义上来说，基督教就是虚无主义，而在狄奥尼索斯的象征中却达到了最大限度的肯定。只有一次暗示基督教传教士像"阴险奸诈的侏儒"，是"卑劣的小人"……

① 德国西南部边境小城。——译者注
② 法国西北部边境小城。——译者注
③ 希腊神话中的光明之神。——译者注

2

我这第一部作品是非常奇特的。在我内心深处的经验中，我发现了历史上唯一的比喻和相应物，——因此，我是第一个认识狄奥尼索斯这种奇妙的现象。同时，由于我看清苏格拉底是颓废派，这就完全毫无疑义地证明，我的心理学很可靠，不会有任何对道德有强烈厌恶的危险——道德本身作为颓废的象征是新鲜的事物，是认识史上独一无二的东西。可怜的傻瓜喋喋不休地空谈乐观主义反对悲观主义，我的两重性不知要比他们高明多少！——我首先看到了真正的对立——利用卑下的报复欲反对生命的蜕化本能（基督教，叔本华哲学，在某种意义上来说，还有柏拉图[1]哲学，整个理想主义都是典型的形式）和一个源于旺盛生命力的、最高级的肯定公式，一种毫无保留的肯定，对痛苦本身的肯定，对罪过本身的肯定，对生活本身所有值得怀疑的和陌生的东西的肯定……这种对生命最后的、最欢乐的、热情洋溢、高兴得忘乎所以的肯定，不仅是最高的认识，而且也是最深刻的认识，这种认识已经被真理和科学严格证实了，并得以维护。应该清算的东西是虚无的，虚无是多余的——在价值等级制度中，基督教徒和其他虚无主义者所拒绝的生存方面的东西，甚至无限地高于被颓废本能所赞许的东西。理解这些需要勇气，勇气的条件则是赢得力量：因为一个人只有在勇气和力量的许可下才能接近真理。认识与对现实的肯定，对强者来说是必要的，正如弱者灵感一来就变得胆怯和逃避现实，即“理想”，对弱者来说也是必要的一样……

① 柏拉图（前427—前348），古希腊哲学家。——译者注

弱者无法认识到，颓废派需要谎言，谎言是他们赖以维持的条件之一。——谁不仅理解了“狄奥尼索斯”这个词，而且也在“狄奥尼索斯”这个词中理解了自己，他就不必去反对柏拉图，或基督教，或叔本华——因为他嗅出腐烂的气味……

3

我是怎样发现“悲剧”这个概念，即对悲剧心理的最终认识，我还要在《偶像的黄昏》中谈到，“肯定生命本身还要肯定生命中最陌生的和最艰难的问题；在牺牲生命的最高形式时，生命的意志令人感到无限的欢欣——我称其为狄奥尼索斯，我把这理解为通往悲剧诗人心理的桥梁。不是为了摆脱恐惧和同情，不是为了通过强烈的发泄使自己从危险的感情冲动中得以净化——这是亚里士多德[①]的误解——而是为了超越恐惧和同情，成为发展本身的永恒快乐，那种快乐也包含毁灭在其中的快乐……”[②]从这个意义上说，我有理由认为我就是第一个悲剧哲学家——也就是说与悲观主义哲学家是完全对立的，相反的。在我之前，没有把狄奥尼索斯的激情转化为哲学的激情：缺乏悲剧的智慧，——我甚至在比苏格拉底早两个世纪的伟大的希腊哲学家中寻找这种悲剧智慧的征象，但是徒劳无功。我感到疑惑，我对赫拉克里特[③]保留一点疑惑，我在他近旁感到比在其他任何地方都温暖得多，心情都好得多。肯定消逝和毁灭，狄奥尼

① 亚里士多德（前384—前322），古希腊哲学家。——译者注
② 《偶像的黄昏》第10章第5节。——译者注
③ 赫拉克里特（前540—前480），古希腊哲学家。——译者注

索斯哲学中的决定性的东西，肯定对立和战争，肯定形成，甚至彻底否定“存在”这个概念——我应该承认，不管怎么说，这种思想是最接近我的思想。“永远轮回”的学说，也就是万物绝对而无限地重复循环——“查拉图斯特拉”的这个学说，最终也可能是赫拉克里特所主张的学说。至少斯多葛派有这种理论的迹象，这个学派几乎把赫拉克里特的基本观念都继承了过来。——

4

这部著作表达了一个非凡的希望。我绝对没有理由对狄奥尼索斯的音乐未来失去希望。让我们放眼未来一百年，我们可以确信，我攻击两千年来那种违反自然和亵渎人类的言行会取得成功。那些有崭新生命的人，他们会把所有使命中最伟大的使命，即把提高培养人类的使命掌握在手中——包括无情地消灭一切蜕化变质分子和寄生虫的使命在内——他们有可能在地球上重建生命的繁荣，狄奥尼索斯的思想必将因此重新出现。我期待一个悲剧时代的到来：当人类毫无痛苦地意识到最艰苦的、但又是最必要的战争已经过去了，肯定生命的最高艺术，即悲剧，就会重新产生……一位心理学家也许还会补充一句，说我青少年时在瓦格纳音乐中听到的东西，实际上与瓦格纳毫无关系；说我在描写狄奥尼索斯音乐时，只是描写我听到的东西——说我必须本能地把一切转换为新的精神，并把它装在我的内心里。对此，一个强有力的证明就是，我的作品《瓦格纳在拜罗伊特》：在所有关于心理问题的关键地方，说的都是我自己——书中提到瓦格纳名字的地方，你都可以毫无顾忌地用我的名字或者用“查拉图斯特拉”的名字来代替。酒神颂歌式的艺术家的整体形象就是“查拉图斯特拉”的前作者的形象，用极深颜色描绘，以免触及瓦格纳的真实性。对此，瓦格纳本人也理解；在这部作品中他识别不出自己了。——同时，“拜罗伊特思想”已经转变成某些东西了，而这些东西对于我的“查拉图斯特拉”的专家来说不是什么费解的概念：变成那个伟大的中午，那些最优秀的人为了全部使命中的最伟大的使命奉献自己——谁知道呢？这是我还要经历的一个节日的幻象……开头几页的激情是世界历史性的；第 7 页中提到的目光就是“查拉图斯特拉”本来的目光；瓦格纳、拜罗伊特，这整个德国微小的可悲的事件只是一朵云彩，不过从这朵云彩中反映出未来无穷变换的海市蜃楼。甚至从心理学上说，我本人性格中一切重要的特征都与瓦格纳相似——最光辉的和最危险的力量并存，从来还没有人拥有的权力意志，学习肆无忌惮的精神勇气，具有无限的学习的力量，而行动的意志并不因此受到压抑。这部作品中所描述的一切东西都是预言：希腊精神必将复苏，反对亚历山大的人必然出现，这些人把希腊文化已被砍断了的戈尔狄俄斯之结[①]重新连接起来。……请倾听世界历史的声音吧，这声音引出了第 30 页关于“悲剧的思想”这个概念：在这部作品中充满着世界历史的声音。这是可能存在的最奇特的“客观性”：我是什么人，对此我有绝对的把握，这也会反射到任何一个偶然的现实中，——关于我的真理，来自极其恐怖的深渊。在第 71 页，我以十足的信心描写并预言“查

① 相传戈尔狄俄斯试图把车上的猿与轭用结系住，牢固至不能解，声言有能解此结者，得以统治小亚细亚，此结后为亚历山大拔剑砍断，比喻用快刀斩乱麻的方法来解决难题。——译者注

拉图斯特拉”的风格；对“查拉图斯特拉”事件的表达，对人类彻底的净化和奉献行为的表达，没有比第 43—46 页的表达更为精彩的了。——

《不合时宜的考察》

1

这四篇《不合时宜的考察》的文章绝对是充满战斗气息的。它们证明，我不是“做美梦的傻瓜”，证明拔剑能使我感到愉快，——也许还证明我具有十分巧妙的手腕。第一篇（1873 年）攻击的对象是德国的教育，当时我就对此投以毫不留情的目光。因为这种教育没有意义，没有实质，没有目标：只有一种单纯的“公众意见”。如果认为德国在武器方面取得巨大的成功可证明这种教育有点优越性，或者证明他们战胜了法国，那么，就没有比这种看法更为有害的误解了……第二篇《不合时宜的考察》的文章（1874 年）揭示了我们在科学活动范围里的危险性以及侵蚀和毒害生命的东西——生命患上了非人体的齿轮传动装置和机械装置的毛病，患上了工人“非人格化”的毛病，患上了“劳动分工”这种伪经济学的毛病。目的——也就是文化——丢失了：手段，现代的科学活动，变得野蛮了……在这篇文章中，本世纪引以为自豪的“历史意义”第一次被大家认为是病态的，被看成是衰败的典型标志。——第三和第四篇《不合时宜的考察》的文章指导性地提出了更高的文化概念和重建文化的概念，提出了两个极端自私和自律的形象。他们是最好的不合时宜的类型，他们对周围的一切东西——“帝国”“教育”“基督教”“俾斯麦”[①]“成功”——都采取极端蔑视的态度，他们就是叔本华和瓦格纳，或者，用一个词表示：尼采……

2

在这四篇抨击文章中，要数第一篇最成功。它引起的大吵大嚷从哪个意义上来说都是引人注意的。我触摸到一个常胜的民族的伤口，——这个民族的胜利不是文化上的一件大事，也许是完全不同的另一件大事……反响来自四面八方，绝对不仅仅来自大卫·施特劳斯的老朋友，我曾经嘲弄他们是德国知识庸人的典型，简言之，我称他们为空谈“新旧信仰”的《福音书》作者（——自从我的文章出现“知识庸人”一词后，这个词就在德语中保留下来了）。我毫不留情地讥讽他们为符腾堡人和士瓦本人，认为他们是怪物，认为他们的施特劳斯是可笑的，对此他们的回答既幼稚又粗俗，是我怎么都不想听到的。普鲁士的回答要聪明一些，——他们的回答带有更多的不可低估的“柏林蓝”[②]。最不正派的要算莱比锡的一家报纸了，即声名狼藉的《边境信使报》；说我费尽苦心稳住被激怒的巴塞尔人。只有几位老先生，由于复杂的、又有点无法说明的原因，绝对赞同我的意见。其中，阿廷根的艾瓦尔特向我暗示，我的行为

① 俾斯麦（1815—1898），普鲁士首相和德意志帝国宰相。——译者注
② 德国名牌颜料。——译者注

对施特劳斯是致命的。还有一位黑格尔学派的老学者布鲁诺·鲍威尔[1]，从那时起，他是最关注我的读者之一。在他晚年时，他喜欢提起我的名字，比如，他提示普鲁士历史编纂学家冯·特莱奇克先生，被他遗忘了的“文化”的概念可以向谁请教。有关这篇论文及其作者的最有见解和最冗长的论文，是维尔茨堡的霍夫曼教授撰写的，他是哲学家冯·巴德尔的一位老门生，在这篇论文中，他预见了我的伟大使命，——在导致危机和决定最后胜负的有关无神论的问题上，他猜中我是无神论方面最本能的和最毫无顾忌的典型人物。无神论把我引向叔本华那里。——平时温和的卡尔·希尔布兰特[2]是最后一位宽厚的德国人，他善于运用笔杆，对我的著作写了一篇强有力的、大无畏的赞同文章，这篇文章被认为是最引人注目的，是最辛辣的。在《奥格斯堡日报》上可以读到他这篇文章；今天，人们把这篇论文以比较谨慎的形式收集在他的文集里。在文集中，这篇论文被描述为大事件、转折点、第一个自我意识、最好的预兆、是德国人的严肃性和德国人的激情在精神事物中的真正的再现。希尔布兰特高度称赞这篇论文的形式、成熟的鉴赏力和在区分人物和事物方面完美的技巧：他称赞这篇论文是用德语写作的文章中最好的论战文章，——这种论战艺术对德国人来说既是危险的，又是有劝诫力的。我大胆地论述语言在德国退化的问题，他予以绝对肯定，甚至要我更尖锐些，（——今天他们只会扮演纯语主义者，连造句都不会——），他同样蔑视这个民族的“一流作家”，他在文章的结尾表达了他对我的勇气的赞赏——那种“大无畏的勇气竟把一个民族

① 布鲁诺·鲍威尔（1809—1882），德国唯心主义哲学家。——译者注
② 卡尔·希尔布兰特（1829—1884），德国历史学家。——译者注

的宠儿送上了被告席”……这篇论文的影响在我的一生中简直是无法估量的。从那以后，没有人跟我争论了。人们沉默了，在德国，人们以忧郁而谨慎的态度对待我：多年以来，我一直运用绝对的言论自由，今天，至少在“帝国”没有人有足够的言论自由。我的乐园是“在我的宝剑的影子中”……实际上我运用了司汤达的一句座右铭：他劝告人们要以决斗的姿态走入社会，就像我选择我的对手一样！挑选了德国一流的自由思想家！……事实上，由此第一次表现了一种完全新型的自由思想：直到今天，没有什么比整个欧洲和美洲类型的自由思想家更使我感到陌生，更引起我的注目了。与他们交锋比与不可救药的平庸之辈和具有“现代观念”的可怜虫交锋还要困难，与他们任何一个对手交锋甚至使我处于更深的心里矛盾之中。他们也想按照自己的方式和形象来“改良”人类，他们反对我现在做的和我将要做的事情，他们要跟我打一场不可调和的战争，假如他们明白——他们全都相信“理想”……而我是第一个反道德论者——

3

我不想断言，《不合时宜的考察》中以叔本华和瓦格纳为标志的两篇论文，会特别有助于理解这两个人，或者也有助于理解他们两人的心理问题。但是，也有个别的例外，比如，我以深刻而可靠的本能，早已表明，瓦格纳本性中的基本素质乃是表演天才，而他的方法和目标都只是从这种天才中得出的结论。从根本上来说，我希望通过这篇论文研究一些与心理学完全不同的东西——独一无二的教育问题；自律的新概念，坚不可摧的自卫的新概念；按照他第一次的说法，建立一条通向伟大和具有世界历史使命的道路。大体上说，利用研究叔本华的机会，我在他那里选择两个著名的、但还完全没有确定的类型，以便表达某种东西，以便掌握更多的方式、词语、语言表达方法。这一点最后以十分巧妙的方式在《不合时宜的考察》第三篇的第93页上也有提示。柏拉图也曾这样利用苏格拉底的名字，作为表达柏拉图的符号学。——现在，我隔了一段时间回顾一下当时的心理状态（那两篇论文就是那种心理状态的证据），我不想否认，那两篇论文其实说的就是我。《瓦格纳在拜罗伊特》这篇论文是我未来的幻景；相反，在《教育家叔本华》一书中，却记录了我内心深处的历史和我的成长。尤其是我的发誓！……我今天干什么，我今天在哪里——我在高处，在那儿我不用语言说话，而用闪电说话——，啊，当时我离那儿还多么遥远！——但是，我看到了那块地方，——我每时每刻都看到险途、大海、危险——还有成果！许下的诺言是淡泊宁静的心态、幸福地展望未来，展望未来不应只停留在希望上！——在这里，每个词的内涵都深刻地在心灵里体验过的；它不乏创痛之感，这些字句里简直是充满血迹的。但是，一阵巨大的自由之风吹散了一切；创伤本身并没有成为异议而起作用。哲学家就是危及一切的、令人恐惧的炸药。——我所理解的。我要把我下的“哲学家”的概念，与甚至包括康德在内的人下的“哲学家”的概念截然分开，更不用说那些学院派的“反刍动物”和其他。教授所下的概念了：对此，这篇论文给人们的教诲是不可估量的，甚至得承认，在这里其实不是“教育家叔本华”而是他的对立面“教育家尼采”赢得了发言的机会。——鉴于我当时的职业是学者，或许也在于我熟知我的职业，因此突然出现在这篇论文中的有关学者心理的那个带涩味的段落不是没有意义的：它表达了距离感，表达了对我的使命、手段、插曲和附带事务的坚定信心。我的聪明，我的许多经历以及我到过许多地方，使我能够成为优秀，使我能够达到优秀。在一段时间里，我也肯定成为学者。——

《人性的，太人性的》及其两个续篇

1

《人性的，太人性的》是一种危机的里程碑。它被称为是一本为自由精神写的书：几乎每句话都表明一种胜利——随着胜利，我从不合乎我本性的东西中摆脱出来。理想主义对我来说是不合适的：这本书的标题是说，“你们看到的理想事物，在我看来却是——人性的，啊，太人性的！”……对于人，我认识得更清楚……在这里，“自由的精神”一词只能理解为：一种已经变成自由的精神，这种精神又牢牢地掌握住自己，除此之外，没有其他的意思。这本书的语气、声调都完全改变了：人们会觉得这本书是充满智慧的，冷静的，有些地方也许是冷酷无情的，冷嘲热讽的。一种高雅的审美精神似乎总是不断地对抗来自地面上的一股更为强烈的潮流。这本书赶在1878年出版，正值伏尔泰[①]逝世一百周年纪念，从这种关联来说，似乎是不太合适的，但却是有意义的。因为伏尔泰与所有在他以后的作家相反，他首先是个精神贵族：正好我也是。——伏尔泰的名字

① 伏尔泰（1694—1778），法国启蒙思想家、作家、哲学家。

出现在我的一本著作上——这确是一种进步——我进步了……如果你观察得更仔细一些，就会发现一个无情的人，他知道理想在当地各个角落的全部隐藏所，——在那里，有它的堡垒和仿佛是最终的安全之地。大家手举着火炬，它放射出的完全不是闪烁不定的微光，而是刺眼的光芒，直射到理想的隐藏所。这就是战争，但是，这种战争没有火药，没有硝烟，没有好战的态度，没有激情和残肢断臂——这些东西本身大概还是“理想主义”。不动声色地把错误一个一个地搁置起来，理想没有被驳斥——它冻僵了……例如，“天才”在这里冻僵了；在另一个角落，“圣徒”冻僵了；在厚厚的冰柱下面，“英雄”冻僵了；最后，“信仰”冻僵了，所谓的“信念”，还有“同情”都明显地冷却了——“自在之物”几乎在各个地方都冻僵了……

2

开始撰写这本书时是在第一届拜罗伊特艺术节的那几周里；在那里，我对四周的环境十分生疏，这是我写这本书的先决条件之一。谁理解到，我当时经过的路上掠过怎样的幻景，谁就能猜出，当我有一天在拜罗伊特醒来的时候，我的心情多么愉快。我完全就像在做梦……我到底在什么地方？我什么都认不出来了，我几乎认不出瓦格纳了。我在寻找我的记忆，但是白费气力，特里柏森——一个遥远的幸运者之岛：没有一点相似的痕迹。奠基典礼[①]那无与伦比的时光，这个小社团的成员在庆祝奠基典礼，人们不想触动这个小社团那敏感的事情：没有一点相似的地方。究竟出了什么事？——瓦

① 拜罗伊特瓦格纳艺术节剧场的奠基典礼。——译者注

格纳被德国化了！瓦格纳的崇拜者已经胜过瓦格纳了！——德国的艺术！德国的大师！德国的啤酒……我们非常了解，瓦格纳艺术只面对完美的艺术家，只谈论审美的全球主义，当我们发现瓦格纳披上了德国“道德”的外衣时，都感到很气愤。——我认为，我熟悉瓦格纳派，我已“经历过”这样的三代人了，从那个把瓦格纳与黑格尔混为一谈的已故的布伦德尔[1]起，直到那些把瓦格纳与他们自己混为一谈的拜罗伊特新闻界的“理想主义者”——我听到过“美丽的心灵”对于瓦格纳的各种各样的表白。那是一个会说聪明话的王国！——其实，那是一个令人毛骨悚然的社交圈子！诺尔和波尔[2]，用漂亮话在胡说八道！其中不乏怪胎，更不缺少反犹太主义者。——可怜的瓦格纳！他已经陷到什么地步！——但愿他至少不要陷到猪猡那里去！但是他却跑到德国人那里去了！……为了教诲后人，最后应该录制一个真正的拜罗伊特人的标本，最好保存在酒精里，因为缺少酒精——，并注明：人们建立“帝国”所靠的“英才”就是这样的……够了，很突然，有位迷人的巴黎女子想安慰我，尽管如此，在此期间我还是外出了几周；我只是发了一封令人不愉快的电报向瓦格纳表示歉意。在波西米亚森林深处一个隐藏的名叫克林恩布隆的地方，我的忧郁和对德国人的蔑视像疾病一样困扰着我——偶尔还在《犁头》这个总标题下，在我的小笔记上写下一句话，那纯粹是有力的心理学方面的话，这样的话也许在《人性的，太人性的》这本书中可以找到。

---

① 布伦德尔（1811—1868），德国作曲家，瓦格纳的崇拜者。——译者注

② 诺尔、波尔，这两个人都是当时的音乐评论家。——译者注

3

当时我做出的决定，不只是与瓦格纳决裂——我感到我的本性完全偏离了，由于本性的完全偏离产生了个别的失误，这种失误不管叫瓦格纳也好，还是叫巴塞尔大学教授也好，都只是一种征兆，一种烦躁的情绪向我袭击；我领悟到，该是自我反省的最后时刻了。我突然惊醒过来，我已经浪费了多少时光，——我整个语言学家的生活与我的使命相比，显得多么无用，多么专横。我对这种虚假的谦虚感到羞愧……十年过去了，我完全停止了精神营养的吸收，我没有再学到一点有用的东西，我忘记了积满了灰尘的教学书堆里许多无用的东西。用一双视力极差的眼睛，十分严谨地在古希腊诗韵学家中探索——我就是这样走过来的！我身体消瘦，形容憔悴，顾影自怜：在我的知识范围内正好缺乏现实性，而“理想”只适合魔鬼的口味！——一种正在燃烧的热望侵袭着我：从那时开始，实际上我只从事生理学、医学和自然科学方面的工作，——甚至只有当使命迫切地要求我时，我才重新回到原来的历史研究中来。当时，我也是首次猜测到违背本能而选择的工作（即最终有职责从事的所谓的“职业”）与那种通过一种麻醉术（比如通过瓦格纳的艺术）来麻醉空虚感和饥饿感的需要之间的那种关联。经过仔细地观察，我发现，大多数的年轻人都有着相同的困扰：一个违反自然的行为就会迫使另一个违反自然的行为的产生。在德国，说得准确一些，在“帝国”，许多人注定要在不合适的时候做出决定，然后在不可推卸的重担下慢慢地衰弱下去……这些人需要瓦格纳就像需要鸦片一样，——他们忘记了自己，他们暂时摆脱了自己……我说了些什么！说了五六个小时！——

4

当时我的本能无情地决定反对更长时间的屈从，反对随波逐流，反对自我混淆。每一种生活方式、最不利的条件、疾病、贫困——我觉得一切都比那种不值得的“无私”要好。最初，我由于无知和年轻，而陷入无私之中。后来，我由于惰性，由于所谓的“责任感”，仍然停留在无私之中。——这时，从我父亲那里继承下来的那种可怕的遗传性（其实就是过早逝世的征兆）以我不太赞赏的方式及时地帮了我的忙，疾病慢慢地把我解脱出来：它使我避免了与他人绝交，使我避免了每个粗暴的和使人反感的行动。我当时没有失去友好，反而得到更多的友好。同时，疾病赋予我权利去完全改变我所有的习惯；疾病允许我忘却，要求我忘却；疾病把需要静卧、强迫休闲、强迫期待和容忍赠送给我……但是，所有这些都是思维！……我的眼睛就使我结束了书迷生活，用德语来说，就是结束了哲学：我从“书”中解脱出来了，我多年什么都不看了。——这是我一直以来给自己的最大的恩惠！——原来的自我仿佛被埋葬了，在不得不经常听从另一个自我（叫作阅读）的情况下，仿佛变得沉默了，现在又慢慢地、胆怯地、迟疑地觉醒了，——但是，终于又说话了。我一生从来没有像在体弱多病，痛苦不堪时期那样幸福过。你只要读一读《朝霞》或《漫游者及其影子》，就会明白什么叫“回归到我自己”：自我康复的最高形式！……其他的康复只是它的结果而已。——

5

《人性的，太人性的》这本书是严格自律的纪念碑。借助这种自律，我果断地结束了我身上所有的“高级骗术”“理想主义”“美的感觉”和其他女性化的东西。这本书的大纲是在索伦托[①]写的；书的结论和最终的形式是在巴塞尔的冬天完成的，那时的境况大不如索伦托。其实，当时还在巴塞尔大学读书的彼得·加斯特先生，帮了我大忙，他承担了这本书的责任。我头上缠着绷带，而且头疼，于是我口授，他记述，也做修改，——他实际上是这本书真正的作家，而我只是作者而已。这本书终于完成了，并送到了我手里，我这个患重病的人对此深感惊讶，我在这时把书寄出去，其中也寄了两本到拜罗伊特。真是一种奇妙的巧合，就在同一个时候，我也收到一本装帧精美的《帕西法耳》，书上有瓦格纳给我的题字：“他忠诚的朋友弗里德里希·尼采，教区委员会成员理查德·瓦格纳”。——这两本书交替赠送，我似乎同时听到一种不祥的声音。这声音不是像两把剑在相交吗？……无论如何，我们两个人都有这种感觉，因为我们两个人都沉默不语。——在这个时候，拜罗伊特刊物第一集出版了：我明白，为什么这是最后的时刻。——难以置信！瓦格纳成了笃信的教徒……

6

1876年，当时我自己这样认为，我以何等巨大的信心担负起我

① 意大利地名，位于那不勒斯海湾。——译者注

的使命和世界历史的使命，对此，这一整本书可以为证，尤其强调的地方更能证明。尽管我有欺诈的本能，我在这里还是回避用“我”这个字眼，这一次世界历史的光辉不是照射在叔本华或瓦格纳身上，而是照射在我的一个朋友，杰出的保尔·瑞[①]博士身上——幸好，保尔·瑞是个非常精细的人，以致不会……其他人不那么精细：在我的读者中，有令人失望的人，比如，在典型的德国教授中，我总是认为，他们肯定自以为是地把上面提到的地方，把整本书理解为高级的保尔·瑞主义……事实上，这本书同我朋友所说的五六句话相矛盾：人们可以查阅一下《道德的谱系》的前言。——那里写着：最勇敢和最冷静的思想家之一，《论道德情感之起源》一书的作者（参见:尼采《第一个反道德论者》），以其对人类行为的深刻透彻的分析，所取得的主要结论是什么呢？“有道德的人并不比体格强壮的人更接近思维世界——因为思维世界是不存在的……”这句话在历史知识（参阅《重估一切价值》）的捶击下变得坚硬和锋利，也许在未来的某一年——1890 年吧！——它可以当斧头使用，用它可把对人类“形而上学的需要”连根砍掉，——这对人类更多的是祝福还是诅咒，谁能预言呢？但是，无论如何，这句话具有最显著的效果，它是有益的，同时又是可怕的，它以双重眼光观察世界，所有伟大的认识都具有这种眼光……

① 保尔·瑞（1849—1901），德国心理学家。——译者注

《朝霞》

——论道德即是偏见

1

我的反道德战役开始于这本书。这场战役没有丝毫的火药味——相反，如果你的嗅觉灵敏的话，就会闻到许多令人愉快的气味。这里没有枪声，也没有炮声：如果说这本书的效果是消极的，那么它使用的方法却不是这样，这些方法产生的效果像是结论，不像是炮声。在同这本书告别时，要以胆怯而谨慎的态度对待那些在道德的名义下一向被尊重甚至被崇拜的东西，这同下述事实并不矛盾：即在这本书中没有出现一个消极的词，没有抨击言论，也没有恶毒的话语，——这本书像和煦的阳光，令人安详、愉快，像海兽在岩石间晒太阳一样。事实上，我本人就是这海兽。书中的每一个句子几乎都是从热那亚附近的岩石堆里想象出来的，挖出来的，我独自住在那里，还与大海窃窃私语。直到现在，每当我偶尔翻开这本书的时候，我觉得几乎每个句子都变成了钓钩，用这钓钩我又可以从深处钓出一些无与伦比的东西：它全身的皮肤随着这可怕的回忆而颤抖。这本书在艺术方面超过其他的书，它能够把握那些往往静悄悄的、匆匆即逝的东西（我称之为神圣的壁虎）——不具有那个年轻的希腊之神的残酷，他干脆把那可怜的壁虎刺穿，但总是要用尖的东西来刺，用笔尖吧……“有这么多曙光还没有发光”——这句印度格言题在这本书的扉页上。这句格言的作者要在什么地方寻找那个新的早晨，寻找至今尚未发现的作为一日之始的柔和的曙光呢？——啊，那一连串的日子，那崭新日子的整个世界！——要在重估一切价值中寻找，要在摆脱一切道德价值中寻找，要在肯定和相信一切至今为止被禁止、被蔑视、被咒骂的东西中寻找。这本受到肯定的书把它的光、它的爱、它的温馨撒向坏东西，这本书把“灵魂”、良知、存在的高尚权利和特权又归还它们。道德没有受到攻击，没有人再去考虑它了……这本书以“或者？”做结尾，——这是唯一用“或者？”作结尾的书……

2

我的使命就是为人类准备一个最高的反省的时机，一个伟大的中午，那时，人类将瞻前顾后，将不受偶然性和教士的支配，将第一次把“什么原因”“为什么目的”这样的问题作为整体提出来——这种使命必然导致以下的认识：人类不会自动走在正确的道路上；人类绝对不受神的支配；人类正是在自己最神圣的价值概念的控制之下，否定的本能、腐朽的本能、颓废的本能受到了诱惑。所以，对我来说，道德价值的起源问题乃是首要的问题，因为这个问题决定人类的未来。人家要我们相信，一切事物完全掌握在好人手中；要我们相信《圣经》这本书通过神的支配和命运的智慧给人类以最后的慰藉。如果把《圣经》还原为现实性，那么就发现与《圣经》里相反的意志和真理被扼杀了。也就是说，人类至今为止是掌握在坏人手里，是被那些失败者、狡黠的报复者、所谓的“圣者”（其实是诽谤者和害人虫）所控制。教士（——包括隐藏的教士，也就是哲学家）不仅控制特定的宗教团体，而且也控制其他地方；颓废道德，也就是没落意志，被视为本来的道德。产生这些现象就是决定性的征兆，是绝对的价值，这种绝对价值处处有益于利他主义，同时又是敌意，而这种敌意处处对利己主义有益。凡是在这一点上与我意见不一致的人，我就认为他得了传染病……但是，全世界的人与我的意见不一致……对于一个生理学家来说，这样一种价值矛盾是毫无疑问的。如果在有机体内有个最小的器官哪怕稍微有一点功能减弱了，以致不能十分安全地进行自我保存，精力得不到补充，“利己主义”也实行不了，那么整个有机体就会变坏。生理学家要求割除变坏的部分，他不同意各个器官与变坏的部分共存，他对变坏的部分毫不留情。但是教士却要使整体变质，也就是整个人类变质：因此他要保留变坏的部分——为了支配人类他不惜代价……如果那些骗人的概念，也就是道德的辅助概念，例如，“灵魂”“精神”“自由意志”“上帝”，不在心理上腐蚀人类，它们还有什么意义呢？……如果一个人不重视自我保存，不增强体力（也就是生命的力量），如果一个人用贫血症来设计理想，用蔑视身体来“拯救灵魂”，那么这不是颓废的处方，又是什么呢？失去重点，抗拒自然的本能，总而言之，“无私”就是至今为止的道德……我以《朝霞》这本书，开始了反自我道德的斗争。——

《快乐的科学》

《朝霞》是一本肯定的书，深刻，敏锐而亲切，《快乐的科学》在极大的程度上也是如此。书中几乎每一句话都巧妙地把深刻的思想和戏谑结合起来。有一首诗对我经历过的最奇妙的正月表达了感激之情——这整本书都是正月送给我的礼物——这首诗充分地显示了，“科学”是出于多么深奥的思想而变得快乐的：

用你火热的长枪，
融解我灵魂里的寒冰；
灵魂呼啸着，
奔向最伟大的希望之海；
比以往更加光明，更加健康，
自由存在于最深情的必然性中，
灵魂赞扬你的奇迹，
最美丽的正月！

谁如果看到《查拉图斯特拉如是说》第四部分结尾的头一句话

散发出的钻石般的光辉，那么他还会对这里所说的“最伟大的希望”的含义抱有怀疑吗？——或者，谁如果读到第三部分结尾的那些像花岗岩般的句子（这些句子第一次以简明的表达形式来理解一切时代的命运），那么他还会对这里所说的“最伟大的希望”的含义抱有怀疑吗？——《福格尔夫莱王子之歌》绝大部分是在西西里岛写的，这些诗强烈地使人想起普罗旺斯语“gaya scienza”[①]的概念，想起歌手、骑士和自由精神的统一，这种统一使普罗旺斯人那种灿烂的早期文化比起所有模棱两可的文化更为突出；尤其是最后一首诗《致米斯特拉尔[②]》，这是一首兴高采烈的舞曲，恕我直言，在这首诗歌中，道德被置之不顾，这是完完全全的普罗旺斯主义。——

① 普罗旺斯语，“快乐的科学”。——译者注

② 米斯特拉尔（1830—1914），法国普罗旺斯语诗人。——译者注

《查拉图斯特拉如是说》

——一本为所有的人，也不为任何人写的书

1

我现在讲述《查拉图斯特拉》的故事。这本书的基本观点是永恒轮回思想，也就是可达到的最高的肯定方式。这种思想是在 1881 年 8 月产生的：我把它写在一张纸上，并题了词："高于人类和时间 6000 英尺。"

那一天我在西尔瓦波拉纳湖滨[①]的林中漫步；走到离苏尔莱[②]不远的地方，耸立着一块巨大而雄伟的岩石，我在那儿停下脚步。这时，这一思想在我脑海中不禁冒了出来。——回想起几个月前的那一天，作为预兆，我感觉到，我的审美产生了一个突然的、极其深刻的决定性变化，特别在音乐方面。也许整本《查拉图斯特拉如是说》都可以视为音乐——无疑，其先决条件就是能够听出艺术的再生。1881 年春，我在离维森查和雷夸罗[③]不远的一个小规模的山区疗养

① 在瑞士境内。——译者注

② 在西尔瓦波拉纳湖东南部。——译者注

③ 意大利威尼斯西部小镇。——译者注

浴场度过。在那里，我与我的朋友音乐大师彼得·加斯特（同样是一位“再生者”）在一起，当时我发现，音乐凤凰披着前所未有的轻飘而灿烂的羽毛，从我们身旁飞过。如果从那天算起，算到 1883 年 2 月在难以想象的情况下突然停下为止（书的最后部分，同样也是我在序言中引用了几句话的那一部分，完稿的神圣时刻，正是理查德·瓦格纳在威尼斯逝世的时刻），这本书“怀胎”十八个月。正是十八个月这样的数字使我产生这样的想法（至少佛教徒是这样认为），我本来是一头母象。——这期间我在撰写《快乐的科学》，这本书有成百种迹象接近无与伦比的东西；最终它促使了“查拉图斯特拉”本人的出现，第四部分倒数第二段表现了“查拉图斯特拉”的基本思想。——同时，《生命颂》（用于混声合唱和乐团）也是在这期间创作的。E. W. 弗利茨两年前在莱比锡出版了《生命颂》的总谱：它也许显示出我在这一年的精神状态方面不无意义的征兆。那时候，我内心里充满着非常特殊的肯定的激情，我把这种激情称为悲剧激情。将来总有一天，人们会唱着这支歌来纪念我。——因为这方面有些误传，所以我要强调一下，歌词不是我写的，而是出于一位年轻的俄国女子的惊人的灵感，这位俄国女子就是路·冯·沙乐美小姐，当时我和她是朋友。凡是能够从这首诗歌的最后几句歌词中悟出某些含义的人，就会猜到，我为什么会喜欢和赞赏它：因为这后几句歌词包含着伟大。不能把痛苦视为反对生命的：“你再不把剩下的幸福给我，那好！你还会有痛苦……”也许我的音乐在此处也是伟大的。（双簧管的最后一个音符是 cis 调，不是 C 调，此处乃印刷错误。）——第二年冬天，我是在离热那亚不远的幽雅而宁静的拉帕罗海湾度过的，这个海湾在沙瓦利和波尔多弗诺海角之间伸入陆地。

当时，我的健康状况不是最佳；这个冬天寒冷，多雨；小旅馆就在海边，以致大海的涛声使我夜里无法入睡。这个小旅店提供的一切几乎都是和愿望相反的。尽管如此，这年冬天，我的《查拉图斯特拉如是说》在这不利的环境中诞生了，这几乎证明了我的话：一切决定性的东西都是从对抗中产生的。——每天上午，我朝着南方，向着通往左格里的风景宜人的大街走去，登上高坡，穿过树林，远眺大海；每天下午，只要健康状况许可，我经常会沿着从桑塔玛格里塔到波尔多弗诺的整个海湾漫步。这个地方及其风景，由于深受那个令人难忘的德意志皇帝弗里德里希三世的喜爱，也就愈来愈接近我的心田。1886 年秋天，当弗里德里希三世最后一次访问这个小小的、已被遗忘的欢乐世界时，我碰巧再度来到这里的海滨。——就是在这两条路上，我想起了整个"查拉图斯特拉"的雏形，首先"查拉图斯特拉"本身就是典型：更确切地说，他向我袭来……

2

要理解这种典型，首先必须弄清他的生理条件：那就是我所说的非常的健康。对于这个概念，没有比我自己在《快乐的科学》第五部分结束语中说明得更清楚，更典型的了。"我们这些新人，没有名气的人，难以理解的人——也就是说——我们是尚未证明有前途的早产儿，我们为了新的目标也需要新的手段，也就是需要新的健康，要比以往更强壮，更精明，更坚强，更勇敢，更快乐。一个人在内心里渴求经历至今为止的全部价值和愿望，并想绕过这理想主义的'地中海'的各个口岸航行，一个人想从自身冒险的经历中知道一个理想的征服者和发现者是怎样的心情，并想知道一个艺术家、圣徒、立法者、贤人、学者、虔诚的信徒、老式的神圣而古怪的人是怎样的心情，为此他首先必须非常健康——他不仅拥有这种健康，而且还必须在目前和在未来不断地保持这种健康，因为他在目前和在未来都必然要付出健康……如今，我们已经在这条路上走了很久，我们这些理想的追寻者，也许勇敢多于智慧，不时可能触礁翻船，遭受损害，但是，如我所说，我们比别人所想象的更为健康，受到损害的健康，又恢复了健康，——我们觉得，为了报答健康，我们面前似乎还有一个尚未发现的陆地，它无边无际，望不到头，它是至今为止所有理想陆地和理想海角的彼岸，它是充满美丽、奇异、疑惑、恐惧和神圣的世界，以致我们的好奇心和占有欲达到无法自制的地步——啊，再也没有任何东西能满足我们的欲望了！……具有这样的前景，并怀着对知识和良知的热望，我们怎能对当今的人感到满意呢？这种情况已经是很糟糕的了，但是，更甚者还有无法避免的事，那就是我们不能真正以严肃的态度正视人类最庄严的目标和希望，也许对此不屑一顾……另外一个理想出现在我们的面前，这是一个奇特的、尝试性的、危险重重的理想，我们不想劝说任何人去追求这种理想，因为我们不会这么轻易地把这种理想的权利给予任何人：它只是某一种人的理想，这种人天真地（也就是说不情愿地）、并且由于精力旺盛和强大而去玩弄那些一向被视为圣洁、善良、不可接触和神圣的东西；对这种人而言，民众借以公平地确定价值标准的最高的东西，就已经意味着危险、衰落、卑贱，或者至少意味着养神、盲目、暂时忘我；这是一种人性而又超人性的幸福和善意的理想，这种理想常常以非人性的形式出现，比如，当它把至今为止人间的一切艰辛，把至今为止在举止、言语、声音、目光、道德和使命的庄严性看成它们最真实的、非自愿的讽刺剧时，——尽管如此，随着这种理想的出现，也许伟大的严肃性才开始，本来的疑问才产生，心灵的命运在转变，时针转动，悲剧开始了……”

3

——19 世纪末，有谁能够对诗人们所指的强大时代的“灵感”下个明确的概念呢？无论如何，我想描述一下。——事实上，如果一个人身上还带有一点点残留的迷信，他就几乎不可能拒绝人只是巨大力量的化身、口舌、媒介这些概念。启示这个概念，其含义就是，突然间我们可以非常可靠地和精确地看到和听到一些能深刻地震撼和推翻一个整体的东西，这个概念描写的就是实情。我们听到了，但不去寻找；我们拿到了，但不问是谁给的；一种思想就像闪电一样发光，是必然的，毫不迟疑的，——我从来没有选择过。一阵欣喜若狂，狂喜无比造成紧张的情绪，有时使人热泪盈眶，步伐随着紧张心情不由自主地时而快速，时而缓慢；一种完全失去的自我控制而清楚地感觉到浑身上下剧烈的战栗；这时感到一种莫大的幸福，这种幸福和最大的痛苦和最深的忧郁都不是对立面了，而是具有制约性，挑战性，而是光谱中必不可少的色彩；一种韵律关系的本能，这种本能跨越公式的广阔的空间——长度，也就是根据一种长跨度韵律的需求，几乎是灵感力量的标准，一种对抗其压力和张力的平衡力。一切都是在最高程度中无意发生的，但是如同在一场自由感、绝对性、权力和神圣的风暴中发生的一样……形象和比喻的无意识是最奇特的；什么是形象，什么是比喻，人们已没有什么概念了，一切东两都是以最接近的、最正确的、最简单的表达形式出现的。想起“查拉图斯特拉”一句话，真的好像事物自己向前走来，表示愿意作为比喻（——“这里，万物都来亲切地与你说话，并恭维你：因为它们想骑在你的背上奔跑。在这里，你用任何一个比喻都可以达到每一个真理。在这里，所有存在的言语和文字宝藏都展现在你的面前；在这里，一切存在都要变成言语，一切转变都要向你学习说话——”）。这是我在灵感方面的经验；我毫不怀疑，人们要回到几千年前去才能找到那个有权利对我说下述这句话的人：“这也是我的经验。”——

4

后来，我生病在热那亚躺了几个星期。接着，在罗马度过了一个沉闷的春天，我在那里消耗我的生命——真不容易。罗马这个地方不是我自愿选择的，从根本上来说，这个地方对“查拉图斯特拉”的作者而言是地球上最不适宜的地方，它极大地败坏了我的情绪。我试图离开——我想去阿奎拉[1]，这个地方与罗马的概念完全不同，它是出于对罗马的敌意而建造的，正如有一天我也要建造一个地方，用以纪念一位无神论者和高尚的反教会者，一位我的近亲，伟大的霍亨斯陶芬皇帝弗里德里希二世。但是，厄运临头：我必须返回罗马。为寻找一个反基督教的地点我作了努力，我疲劳不堪，最后，巴贝里尼广场使我感到满意。有一次，为了尽量避开难闻的气味，我甚至在德尔奎里纳莱皇宫打听过，我担心他们是否会给一位哲学家住

① 位于瑞士境内的阿尔卑斯山。——译者注

一间安静的房间。——在巴贝里尼广场上建有一个凉廊，从这里可以眺望罗马城，可以倾听脚下广场喷水池的哗哗声。在这凉廊上，我做了一首诗，这是我所做过的最寂寞的诗:《夜之歌》。这时，总是有一种无法形容的忧郁的调子萦绕在我的耳旁，歌词的叠句我选用这样的话“永生前夕的死亡……”夏天，我回到了“查拉图斯特拉”的思想曾经像第一道闪电照亮我心头的那个神圣的地方，在那里我发现了《查拉图斯特拉》的第二部分。只用十天时间就够了。不管是第一部分，第三部分，还是最后部分，我都没有多花时间。第二年冬天，在尼斯，晴朗的天空第一次照亮了我的生活，当时我发现了《查拉图斯特拉》的第三部分，并且完稿了。写完全书所花时间不到一年。尼斯地区许多隐蔽的地段和山冈给我留下了难忘的时光。标题为“老牌子和新牌子”①这一重要章节，是从车站艰难攀登到摩尔人居住的奇妙的山崖城堡伊扎的途中写成的。——当我的创造力奔放时,我的肌肉总是最发达的。身体充满激情:我们也不管什么“灵魂”了……人们经常可以看见我手舞足蹈;我当时爬山七八个小时还不懂得什么叫疲劳。我睡得好，笑得多——，精力十分充沛，忍让宽容。

5

除了这十天写作之外，在创作《查拉图斯特拉如是说》的那几年中，尤其是成书以后的几年，是非常艰难的时期。一个人要成为不朽，就要付出昂贵的代价:在世时要为此死几回。——有些东西

① 《查拉图斯特拉如是说》第三部分第十二章。——译者注

我称它为伟大的复仇欲望：任何伟大的事情，不论是一部著作还是一个事业，一旦完成之后，做这件事的人就会立即遭到反对。正因为他干了事业，现在他变弱了，——他无法忍受自己的事业了，他不能正视自己的事业了。人们从来不敢希望的某些事情一旦完成了，关系到人类命运症结的某些事情一旦完成了，——现在就轮到反对你了！……几乎给压得喘不过气了……伟大的复仇欲望！——另外就是四周都笼罩着可怕的寂静。寂寞，重重的寂寞；什么东西都穿透不过。你走到人群中，你问候朋友：这是新的荒野，没有人投以问候的目光。在最好的情况下，会做出一种反对的方式。我经历过几乎每个站在我近旁的人不同程度地表现出那种反对的方式；似乎没有什么东西比突然间使人感到人之间的隔阂更伤人了，——得不到尊敬就不能生活下去的那种高贵者很少。——第三件事，皮肤对小针就会产生绝对的敏感性，这是对所有小事束手无策的一种形式。我觉得这是由于极大消耗所有抵抗力造成的，一切创造性的行动以及从自身最内心深处发出的每个行动都是这种消耗的先决条件。因此，稍有一点抵抗力停止作用，就得不到新的力量了。——我还敢暗示，人们的消化会越来越差，不愿意运动，容易感到寒冷，容易产生猜疑，——怀疑在许多情况下只是病源学上处置不当的问题。在这样的情况下，由于温和与人道的思想的回归，有一次我感觉到接近了畜群，还在我看到畜群之前：畜群具有了内在的温情……

6

这本书绝对是独特的。我们不要去理会诗人：也许从来就没有过这样丰富有力的作品。在这本书中，我的“狄奥尼索斯”概念成了最伟大的事业；以它来衡量，人类所有的其他事业都显得贫乏和有限。在这种激情中和高峰上，歌德和莎士比亚也许都喘不过气来，但丁[①]与“查拉图斯特拉”相比，只不过是一个信仰者，而不是一个首先创造真理的人，不是支配世界的人，不是命运——，编纂《吠陀经》[②]的诗人只能算是教士，甚至连给“查拉图斯特拉”脱鞋的资格都没有，所有这一切都是微不足道的，它们没有距离感，也没有清静的孤独感，而正是这本著作的生命之所在。“查拉图斯特拉”永远有权利这样说：“我在我的四周划一个圈子，并设定神圣的界线；越来越少的人能同我一起登上越来越高的山，——我用越来越神圣的高山建造一个山脉。”我估计，把一切伟大心灵的精神和善良合在一起，也抵不上“查拉图斯特拉”说出的一句妙语。他上下的梯子是无限长的；他比任何人都看得远，想得深，懂得多。这位全人类最善于肯定的人，他说的每一句话都自相矛盾；在他心里所有的矛盾都达到新的统一。人性中最高尚的和最卑劣的力量，最甜蜜的东西、最轻率的东西和最可怕的东西，都从一个源泉中永远不息地涌流出来。在这之前，没有人知道什么是高尚的，什么是深奥的；更没有人知道什么是真理。就是最伟大的人也没有猜想到，已经有人预言了，什么时候会揭示真理。这个真理在“查拉图斯特拉”之前，谈不上智慧，谈不上研究心灵，谈不上艺术；最熟悉的、最平常的东西，在这儿道出了闻所未闻的事情。激情使诗句颤动；雄辩变成了音乐；闪电向至今为止尚无人知晓的未来射出亮光。至今为止最大的象征

① 但丁（1265—1321），意大利文艺复兴时代的诗人。——译者注

② 印度最古老的宗教文献和文学作品的总称。——译者注

力,与语言回归形象的本质相比,显得贫乏和微不足道。——请看“查拉图斯特拉”是怎样从山上走下来的！他是怎样向每个人说些最亲切友好的话语！他甚至是怎样用温柔的双手握住他的敌人——传教士的手，又是怎样与他们一起为他们而苦恼！——在这里，人时时刻刻都是可战胜的,“超人”这个概念在这里变成了最大的现实,——一向在人类中被称为伟大的一切东西也在那非常遥远的地方。平静的性情，轻快的步伐，普遍存在的恶毒和放纵以及一切对“查拉图斯特拉”这类人来说是典型的东西，所有这些从来没有人梦想过的东西本质上是伟大的。“查拉图斯特拉”正是在这个空间范围内，在与敌手的接触中，感觉到自己是万物之中最高的形式；当你听到，他是怎样给最高的形式下定义时，你就不会去寻找与他较量的人了。

心灵拥有最长的梯子，
能往下走到最深处；
心灵无比宽广，
能在其中任意驰骋，奔跑，漫游；
心灵有着最大的必然性，
带着快乐陷入偶然性；
存在的心灵，它意欲变化，
拥有的心灵，它意欲需要和要求；
逃脱自身的心灵，
在最遥远的圆圈跑道上赶上了自己；
最有智慧的心灵，
愚者用最甜蜜的话语劝说它；

最自爱的心灵，

万物都在其中退潮涨潮，奔腾不息——

但是这就是狄奥尼索斯本身的概念。——另外一种考虑也会产生同样的观念。“查拉图斯特拉”这类型的人的心理学上的问题在于：如果一个人对人们向来肯定的一切东西予以坚决地否定，并且绝不执行，他怎么可能与一个否定者相对立呢！如果一个人肩负着命运的重担和危险的使命，他怎么可能是最轻松的和最超然的人呢！——“查拉图斯特拉”是一位舞蹈家——如果一个人对现实具有最严厉的、最敏锐的洞察力，如果一个人具有“最深刻的思想”，他在现实中怎么会找不到对生存的反对意见，对生命永恒轮回的反对意见呢！——更确切地说，还有一个理由，对一切事物本身采取永恒的肯定，“无限的肯定和祝福”……“我还要把我拥有的肯定带到所有的深渊”……重复一遍，但这就是狄奥尼索斯的概念。

7

这样一种人，当他在自言自语时，会用什么语言呢？用狂热的诗歌语言。我就是这种狂热的诗歌语言的发明者。请听，“查拉图斯特拉”在《日出之前》[①]（第三部分第 18 页）是怎样自言自语的：这样一种如同拥有绿宝石般的幸福，这样一种神圣的温柔，在我之前还没有人说得出来。连这位狄奥尼索斯深深地叹息也成了狂热的诗

① 《查拉图斯特拉如是说》第三部分第四章标题。——译者注

歌；我举《夜之歌》[1]这不朽之声为例，由于丰富的光和力，由于太阳的本质，就注定了它的存在，注定了不得去爱。

夜已降临：现在只有全部的喷水池在讲话。而我的心灵也是一口喷水池。

夜已降临：现在一切爱者的歌声才响起。而我的心灵也是一位爱者的歌。

我心中有一种不平静的、不能平静的东西，它要变得响亮起来。我心中有一种对爱的渴望，它诉说着爱的言语。

我是光：啊，如果我是黑夜就好了！但我被光包围着，这正是我的孤独。

啊，如果我是黑暗和黑夜就好了！我多么想汲取光的泉源！

我还要祝福你们，你们这些闪烁的小星斗和空中的萤火虫！——得到你们赠予的光，我感到幸福。

但是我生活在自己的光之中，我要把从我身上折射出去的光焰吮吸回来。

我不知道索取者的幸福；我常常梦想，窃取肯定比索取更快乐。

我的手从不停止赠予，这是我的贫穷；我看见期待的眼光和明亮的渴望之夜，这是我的嫉妒。

啊，一切给予者的不幸！啊，我的太阳变得昏暗！啊，对欲望的渴求！啊，饱食中的饥饿！

他们向我索取：但是我触及他们的心灵了吗？在索取和给予

---

① 《查拉图斯特拉如是说》第二部分第九章标题。——译者注

之间有一道鸿沟；最终要在最小的鸿沟上面架桥。

在我的完美之中产生一种欲望：我想让我所照亮的人痛苦，我想抢劫我所赠予的人。——所以，我渴求恶毒。

如果有人把手伸向我，我就把手缩回来；就像瀑布一样，它在飞流直下时还犹豫了一下。——所以，我渴求恶毒。

我的丰富想起了这样的复仇，这样的险恶从我的孤独中冒出。

我从给予中得到的幸福，又在给予中消失，我的道德因其过剩而对它自己感到厌倦！

谁不停地给予，谁就有失去羞耻的危险；谁不停地分配，谁的手和心就会由于单纯的分配而起老茧。

我的眼睛不再为乞求者的羞耻而落泪；我的手变得又厚又硬，感觉不到索取者的双手在颤动。

我眼中的泪水和我心中的柔软到哪里去了？啊，所有给予者的寂寞！啊，所有照耀者的沉默！

许多太阳在荒凉的空间旋转：它们用自己的光芒对一切黑暗的东西说话，——而对我却沉默不语。

啊，这是光对照耀者的敌视：光毫不留情地改变自己的轨道。

在内心深处不能公正地对待照耀者，对太阳冷漠，——每个太阳都这么运行。

太阳就像风暴一样改变自己的轨道，太阳遵循着自己无情的意志，这就是太阳的冷漠。

啊，你们这些黑暗和黑夜，只有你们才能从照耀者那里获取热量！啊，只有你们才能从光源中吸取乳汁和养料！

啊，我的周围都是冰，我的手在寒冰上冻伤！啊，我的心中充满着渴望，渴望着你们的热望。

夜已降临：啊，我必须是光！渴望着黑夜！渴望着孤独！

夜已降临：现在我的要求像喷水池从我心里涌出，——要求我说话。

夜已降临：现在所有的喷水池更加高声地讲话。而我的心灵也是一口喷水池。

夜已降，临：现在一切爱者的歌声才响起。而我的心灵也是一位爱者的歌。——[①]

8

从来没有人撰写过这样的东西，从来没有人感觉过这样的东西，从来没有人遭遇过这样的东西：只有一个神，即狄奥尼索斯有这样的遭遇。阿利阿德尼[②]也许是对太阳在光中的孤独作过这样狂热赞美的回答……除了我，谁知道阿利阿德尼是什么人！……直到现在，没有人能解答所有这些谜，我怀疑，过去有人在这方面看到的也只是谜。——“查拉图斯特拉”曾经严格地确定了自己的使命——这也是我的使命——人们不要误解它的意义：他肯定进行辩护，直到摆脱所有过去的事情。

① 《查拉图斯特拉如是说》第二部分第九章。——译者注

② 希腊神话中克里特王米诺斯之女，与提修斯相爱，并帮他逃出迷宫。——译者注

我漫步在人类未来的片断中：我遥望那个未来。

我搜集那些片断、谜和可怕的偶然性，并写成诗，这就是我所有的诗和追求。

如果人不是诗人，也不是解谜者和偶然性的拯救者，我怎么能忍受做人呢？

拯救过去，把一切“过去的”改变为“我要这样！”——这对于我来说才是拯救。[①]

在文章的另一段，他极其严格地说明，“人”对于他本人来说到底会是什么——不是爱的对象，也不是怜悯的对象——“查拉图斯特拉”也已经克服了对人的巨大的厌恶：在他看来，人是怪物，是材料，是需要雕塑者雕刻的丑陋的石头。

不再要求，不再评价，不再创造：啊，这种巨大的厌倦情绪任何时候都远离我！

在认识中，我又感觉到我具有创造和发展的欲望的意志；如果我的认识是纯真的，就会是这样，因为创造的意志在认识中。

这种意志引诱我离开上帝和神：如果有神存在，还要创造什么呢？

但是，我炽热的创造意志总是促使我重新面向人类；就像驱使锤子敲打石头一样。

啊，你们这些人，在石头中为我藏着一个形象，许多形象中的一个！啊，肯定藏在最坚硬、最丑陋的石头中！

---

① 《查拉图斯特拉如是说》第二部分第二十章。——译者注

现在我的锤子无情地锤打它的牢房。碎片从石头上飞向四方：这对我无所谓！

我要完成我的意志，因为有个影子向我走来，——这个万物中最安静和最轻快者曾经向我走来！

超人的美丽形象像个影子向我走来：神与我有何相干！……[①]

我强调最后一个观点：上文画了线条的那行诗在这方面讲明了理由。锤子的坚硬，以十分重要的方式在毁灭上取得的快乐，这对于狄奥尼索斯的使命来说是先决条件的一部分。

“你们要坚强！”这个命令式以及这个起码的信念：所有创造者都是坚强的，这就是狄奥尼索斯本质的本来特征。——

① 《查拉图斯特拉如是说》第二部分第二章。——译者注

《善恶的彼岸》

——未来哲学的序曲

1

尽可能严格地勾出今后几年的任务的轮廓。我任务中肯定的部分已经完成了，现在轮到否定的部分了（言语否定和行动否定）：重估至今为止的一切价值，这是一场伟大的战争，——唤起那决定性的一天。这里包括慢慢地环顾四周去寻找亲朋，寻找那些具有力量而有助于我进行毁灭工作的人。——从那时起，我的所有著作都是钓钩；也许我像某人一样擅长钓鱼？……如果钓不到鱼，那不是我的过错。那是没有鱼可钓……

2

从所有重要的方面来说，这本书（1886 年）是对现代的批判，包括现代的科学、现代的艺术、甚至现代的政治，同时指出一种相反类型的人（这种人尽可能少一点现代的东西），一种高贵类型的人，一种肯定类型的人。从后一种意义来说，书本是上等人的读物，这个概念比以往所认为的更有智慧，更加极端。一个人要忍得住这个概念，身上必须具有勇气，必须不懂得什么是恐惧……这个时代引以为自豪的一切事物，都被认为是与上述类型的人相矛盾的，几乎都是卑劣的东西，比如，著名的“客观性”“对所有受苦人的同情”，具有对他人的审美顶礼膜拜和对无价值的东西卑躬屈膝的所谓“历史意义”，还有“科学性”。——如果你考虑一下，这本书是在《查拉图斯特拉如是说》之后写的，你也许会猜到，这本书的产生要归功于饮食的管理了。由于必须看远处，眼睛也习惯了远视——“查拉图斯特拉”比沙皇更远视——，在这里就不得不敏锐地去理解最近的事物、时代和我们所处的环境。在所有章节中，尤其在形式上，人们将会发现同样任意改变那些可能产生“查拉图斯特拉”式人物的本质的东西。形式上的精练，目的上的完美，沉默艺术的精美，这些是很重要的，以故意的冷酷无情来对待心理问题，——这本书缺少任何一个温和的字眼……一切都恢复了：最终谁能猜到，撰写像“查拉图斯特拉”那样的书所消耗的精力和体力需要怎样的休整呢？……从神学上来说——请注意，因为我很少以神学家的身份说话——上帝自己在一天工作结束后，像蛇那样蜷曲在知识的大树之下：这样，他就不再是上帝了……他把万物造得太完美了……魔鬼只是上帝在每个第七天懒惰时的产物……

《道德的谱系》

——一篇论战的文章

构成这个谱系的三篇论文，从表达方式、意图和意想不到的技巧来说，也许是至今为止所写过的东西中最令人畏惧的。你们知道，狄奥尼索斯也是黑暗之神。——每篇文章的开头，都可以把人引入迷途，开头都是沉着的、科学的、甚至是嘲弄的、故意引人注目的、有意拖延的。渐渐地变得不平静；不时划过一道闪电；令人不愉快的真理从远方而来，夹杂着沉闷的隆隆声，声音愈来愈大，——到了后来，达到了高速度，一切都被巨大的力量推动向前。最后，每次在十分可怕的霹雳声中，透过浓浓的乌云可见到一个新的真理。——第一篇论文的真理是基督教的心理学：基督教源于仇恨的心理，不像有人认为的那样，源于“精神”，——其本质是一种相反的运动，一种反对高贵价值的统治的大暴动。第二篇论文是良心的心理学：它同样也不像有人认为的那样，是“人心中的上帝的声音”，——它是一种残酷的本能，当这种本能无法向外发泄时，就转向后退。在这里，第一次揭示了残酷是最古老的和最不可缺少的文化基础之一。第三篇论文回答了下面的问题：苦行主义的理想、教士的理想的巨大势力是从哪里来的，尽管这种理想是有害的，是毁灭意志的，是一种颓废的理想。回答：不像有人认为的那样，是因为上帝在教士的背后活动，而是因为没有比想要的更好的东西，——因为至今为止它是唯一的理想，因为它没有竞争对手。“因为人类宁可期望虚无缥缈的东西，也比没有期望要好”……尤其是，在“查拉图斯特拉”的思想出现之前，缺少一个相反的理想。——你们已经明白了我的意思。一个心理学家为了重估一切价值准备了三篇决定性的论文。——这本书首次包括了教士的心理状态。

《偶像的黄昏》

——怎样用锤子探讨哲学

1

这本还不到一百五十页的书，令人轻松愉快，可语气上充满灾难性，像恶魔在嘲笑。这本书是在很短的几天时间内写成的，时间之短叫我不想说出具体的天数。这本书在许多书中是个例外：没有哪一本书比它更具有实质性的内容，更具有独立性，更具有摧毁性，——更具有恶意。如果你想粗略了解，在我之前万物是怎样颠倒的，那就从这本书读起。本书扉页上所说的偶像，简单地说就是迄今为止被称为真理的东西。偶像的黄昏——用德语来说就是：旧的真理临近结束。

2

在这本书中，没有任何现实性和“理想性”是不被提及的（——提及：多么谨慎、婉转地表达！……）。不仅提及那些永恒的偶像，而且也提及那些最年轻的、所以也是最衰老的偶像。比如，“现代观念”。一阵强风吹过树林，处处有果子——真理——掉落下来。这些浪费大丰收的秋天果实：你行走时被满地的真理绊倒，你甚至踩死了几个真理，——因为真理太多了……但是，你抓到手的那些东西，是不用怀疑的了，那是决定性的东西。只有我才掌握衡量真理的标准，只有我才能判定。好像在我心里产生了第二意识，好像我心中的“意志”点亮了一盏灯，灯光照耀着它自己至今为止走过的斜路……所谓斜路——人们称之为通往“真理”之路……所有“模糊的追求”都结束了，善良的人至少正在意识到正确的路……严肃地说，在我之前没有人知道正确的路，向上的路：从我开始，才又有了希望、使命和遵循文化的道路——我是文化的快乐使者……正因此，我也是命运。——

3

在我完成上述提到的那本著作后，我连一天也没耽搁就开始从事《重估一切价值》的非凡工作。我满怀无比的自豪感，时时刻刻确信我的不朽，怀着对命运的自信，把一个个词语打到键盘上。前言部分于 1888 年 9 月 3 日写完，那天清晨写好后我走到户外，眼前展现了上恩加丁山给予我的最美好的一天——万里晴空，色彩缤纷，北国冰雪与南国温煦融为一体，包罗万象。——由于洪水的阻碍，我于 9 月 20 日才离开西尔斯－玛利亚。因此，最后我成了这个美妙的地方绝对唯一的客人，由于我的感激使这个地方的名字成为万古不朽。在经历了一个发生意外事件（我深夜到达柯莫[①]时，甚至还遇

① 意大利地名。——译者注

到有生命危险的洪水）的旅行之后，我于 9 月 21 日下午抵达都灵，这个被证明非常适合我的地方，从那以后成了我的定居地。我又住进了春天住过的同一个寓所里，即卡尔洛 · 阿尔贝托大街 6 号 3 楼，对面是雄伟壮观的卡里格纳宫殿，维多利奥 · 伊曼纽[1]就出生在这里。从寓所可望到卡尔洛·阿尔贝托广场，越过广场可远眺丘陵地带。我不敢片刻松懈，毫不犹豫地又投入工作：全书只剩下最后四分之一尚未完成。9 月 30 日，取得伟大的胜利;《重估一切价值》完稿了；我像上帝一样沿着波河漫步。同一天，我还写完了《偶像的黄昏》的序言，我在 9 月份校对书稿就是休息。我从来没有经历过一个这样的秋天，也从来没有想到能完成这样的奇迹。——克劳德 · 洛兰[2]的一幅风景画，令人遐想联翩，漫无边际，每天都是无限的美好。——

① 意大利第一任国王。——译者注

② 克劳德 · 洛兰（1600—1682），法国浪漫派画家，——译者注

《瓦格纳事件》

——一个音乐家的问题

1

为了正确地评价这篇文章，就必须为音乐的命运担忧，就像对不愈合的伤口感到苦恼一样。——如果我为音乐的命运担忧，那么我对什么感到苦恼呢？我的苦恼在于，音乐已失去了美化世界和肯定的特性，——它已成为颓废的音乐，不再是狄奥尼索斯的笛子了……但是，如果一个人觉得音乐的事业就像他自己的事业，就像他自己的苦难史，那么就会发现这篇文章是非常温和的，考虑周到的。在这种情况下，愉快和善意地嘲弄（笑着说实话，说实话表明力量）就是人道本身。谁会怀疑我这个老炮手会把我的重炮对准瓦格纳呢？——我对这个事件中所有决定性的东西持审慎的态度，——我热爱过瓦格纳。——但是，我的使命的意义和道路最终在于，抨击一个机警敏锐的、别人不容易察觉的“不认识的人”——啊！除了一个音乐世界的卡里奥斯特罗①以外，我还要揭开另外几个“不认识的人”的假面具——但是，更要抨击德意志民族，它在思想方面

① 卡里奥斯特罗（1743—1795），意大利冒险家，大骗子。——译者注

变得更迟钝，在本能方面变得更贫乏，而且变得越来越讲名誉，它有一个令人羡慕的好胃口，以一切矛盾为食物，把“信仰”与科学，“基督教的博爱”与反犹太主义，权力意志（建立“帝国”的意志）与自卑者的福音，全都狼吞虎咽下去，竟然没有诉说消化不良……在所有这些矛盾中，它不站在任何一边！真是了不起的中立和“无私”！这德国的味觉真有正义感，竟将平等的权利给予所有的人，——它认为一切东西都是美味可口的……毫无疑问，德国人都是理想主义者……当我最后一次来到德国时，我发现德国的味觉正忙于把平等的权利给予瓦格纳和塞京根[①]的吹鼓手；我亲自可以作证，为了向一位最地道的和最有德意志气息的音乐家（这里是指古老意义上的德意志，不单是德意志帝国）海因里希·许茨大师表示敬意，人们在莱比锡建立了李斯特协会，其目的在于培植和传播狡猾的教会音乐——毫无疑问，德国人都是理想主义者……

2

但是，在这里没有任何东西可以阻碍我变得粗鲁，也没有任何东西可以阻碍我对德国人说几句刺耳的话：还有谁会做这样的事呢？——我想谈谈他们在文学史上的混乱。德国的历史学家不但对文化的进展和文化的价值缺乏伟大的眼光，而且还是政治上（或者教会上）的傻瓜：这种伟大的眼光甚至受到他们的排斥。你首先必须是“德意志的”，属于这个“种族”的，然后才能决定史学上的一切价值和非价值——你才能确定价值和非价值……“德意志的”是

---

① 德国地名。——译者注

一个论据，“德国，德国高于一切”是一个原则，而日耳曼人则是历史上的“道德的世界秩序”；与罗马帝国相比，它是自由的获得者；与18世纪相比，他是道德、“绝对命令”的复兴者……有一种德意志帝国的历史编纂学，我担心甚至还有一种反犹太主义的历史编纂学，——还有宫廷历史编纂学，而冯·特莱茨克先生是不知羞耻的……最近，施瓦本美学家费舍（幸亏已经故世）的一句话，在史学界造成一种荒谬的看法，这句话通过德国报纸的流传被视为一条“真理”，而每个德国人都必须赞成这条“真理”：“文艺复兴和宗教改革，把这两者结合起来才能形成一个整体——美学的再生和道德的再生”。这句话我是耐着性子才看完的，我觉得有兴趣，甚至有责任对德国人说，他们对哪些事负有责任。他们对四百年来的一切文化犯下了大罪！……之所以犯下罪行，总是出于相同的原因，就是他们内心里害怕现实（即害怕真理），他们的本能变得不真实，还有“理想主义”在作祟……德国人使欧洲失去果实，失去最后的伟大时期（即文艺复兴时期）的意义。当时，更高的价值秩序，高尚的价值，肯定生命和保障未来的价值取代了那些对立的和堕落的价值，这些都取得了胜利——并且深入到倡导者的本能中！路德[1]，这个不祥的僧侣，当教会和基督教失败时，他恢复了教会，更糟糕的是，他也恢复了基督教……否定生命意志的基督教变成了宗教！……路德这个古怪的僧侣，出于他“古怪”的原因，先是攻击教会，然后又恢复教会……天主教徒也许有理由庆祝路德节，创作路德戏剧……路德和“道德的再生”！一切心理学都见鬼去吧！——毫无疑问，德国人都是理想主义者。——当德国人以非凡的勇敢和自我克制取得了一种正直

① 马丁·路德（1483—1546），德国宗教改革者。——译者注

的、明确的和完全科学的思想方法时，他们有两次机会知道如何去发现通往旧“理想”的途径，如何去发现真理和“理想”之间的调和，从根本上来说，就是如何去发现用来拒绝科学权利和崇尚欺骗权利的表达方式。莱布尼茨[1]和康德[2]，这两个人是欧洲在理智的诚实方面最大的障碍！——当时，在跨越两个颓废世纪的桥梁上出现一种天才与意志兼备的强大力量，它之强大足以使欧洲结合成一个政治和经济的统一体，达到建立全球政府的目的，这时德国人终于能够以其“独立战争”使欧洲失去了意义，失去了拿破仑存在的意义的奇迹，——因此，他们要对所造成的、今天仍然存在的一切恶果负责，这些恶果就是：现存的反文化病态和不明智，民族主义，欧洲所患的病态的民族主义，永远存在的欧洲小国和微不足道的政治：他们使欧洲本身失去意义，失去理智——他们把欧洲送进了死胡同。除了我之外，有谁知道走出这条死胡同的道路吗？……有谁知道足以重新把欧洲各民族结合起来的一项使命吗？……

3

——为什么我最终不能说出我的怀疑呢？按照我这种情况，德国人想方设法要使一个伟大的命运只产生一个小东西。他们直到今天都在败坏我的名声，我怀疑，他们将来会做得好一些。——啊，为什么叫我当个不祥的预言家呢！……我现在的普通读者和听众是俄国人，斯堪的那维亚人和法国人，——他们会越来越多吗？——

① 莱布尼茨（1646—1716），德国唯心主义哲学家。——译者注

② 康德（1724—1804），德国古典哲学的创始人。——译者注

德国人以模棱两可的名称载入了认识论的史册，他们老是产生“不自觉的”骗子（——费希特，谢林，叔本华，黑格尔，施莱马赫，还有康德和莱布尼茨，都应授予骗子这个名称，他们完全是制造假面具的人——）：他们永远不能享有这样的荣誉，即思想史上（四千年来，在思想上都是真理对骗术进行批判）最诚实的思想与德国的思想是一致的。“德国的思想”对我来说是恶劣的空气：德国人在言语上，举止上表现出不洁净，处在这种已成为本能的心理上的不洁净的氛围中，我感到呼吸艰难。他们从来没有像法国人那样，经受过 17 世纪那种严格的自我反省。一个拉罗斯福哥[1]，一个笛卡儿[2]，他们在诚信方面要比一流的德国人强百倍，——德国人直到今天还没有一个心理学家。但是，心理学几乎是确定一个种族洁净与不洁净的标准——如果一个人不洁净，他怎样会有深度呢？你到一个德国人那里，几乎就像到一个女人那里一样，根本不可能深谈些什么，他没有深度。这就是一切。但是，他们甚至连肤浅都谈不上。——在德国所谓有“深度”的东西，就是对自身本能上的不洁，我所说的本能上的不洁就是：他们不想了解自己的本性。我可以建议把“德国的”这个词当作国际货币用来支付这种心理上的腐败吗？——例如，德国皇帝现在宣称解放非洲奴隶是他的“基督教义务”：在我们另外一些欧洲人中，就可以把这句话简称为“德国的”……德国人也创作过一本有深度的书吗？他们甚至还不懂什么叫一本书的深度。我认识一些学者，他们认为康德有深度：在普鲁士宫廷中，我担心，人们会认为冯·特莱茨克先生有深度。我遇到德国大学教授时，有

① 拉罗斯福哥（1615—1680），法国作家。——译者注
② 笛卡儿（1596—1650），法国哲学家。——译者注

时称赞司汤达是一个有深度的心理学家，他们会叫我用字母拼读一下司汤达这个名字……

4

——为什么我不进行到底呢？我喜欢澄清事情。被人们视为一个卓越的藐视德国人的人，这甚至是我的抱负。在我 26 岁的时候，我就对德国人的性格表示过怀疑（见《不合时宜的考察》第三部分），——我不能接受德国人。如果我设想一种与我的本能完全不同的人，我总是想到德国人。我对一个人的全面考验，首先要看他身上是否有距离感，看他是否看到了人与人之间处处存在等级、地位和秩序，看他是否高贵：这样他才是上等人；否则他就无法挽回地成了温顺的人，啊！温顺的概念就是下等。但是，德国人就是下等人——啊！他们是如此温顺……同德国人交往就会贬低自己：德国人一视同仁……如果我把与几位艺术家，尤其是理查德·瓦格纳的交往除外，我可以说没有与德国人度过一个美好的时光……如果几个世纪以来最深刻的思想出现在德国人中间，那么古罗马城堡里的任何一个女救星也许会以为，她那丑恶的灵魂至少也应该受到同样的重视……我无法忍受这个种族，与这个种族总是相处不好，他不喜欢与众不同的人——天哪！我就是一个与众不同的人——，这个种族的人脚下没有智慧，因此，从来不会走路……说到底，德国人根本就没有脚，他们只有腿……德国人也不知道自己有多么丑陋，但是单这一点就是十分丑陋的了，——他们从来不为自己是德国人而感到羞耻……他们对什么事情都想参与，他们认为自己是决定性的人物，我担心，他们甚至对我进行裁决……我的一生严格地验证了这几句话，我尽力在我的人生中寻找人家对我讲礼仪和讲文雅的事情。在犹太人那里找到了，在德国人那里从来没找到。我的本性是要温和地、友好地对待每个人，——我有权利不加区别地对待：这不会妨碍我睁开眼睛。我没有把任何人当作例外，至少不会把我的朋友当例外，——最后，我希望，这一点不会有损于我对他们的人道！有五六件事我一向引以为荣。——然而，事实上，我感到几年来所收到的每一封信几乎都是冷嘲热讽的：对我善意的嘲弄要多于任何的仇恨……我当面告诉我的每一个朋友，他们一向认为不值得花力气去研究我任何一本著作：我从微小的迹象中猜到，他们从来不知道书里写的是什么。至于我的《查拉图斯特拉如是说》一书，我的朋友除了在书中发现一种难以置信的、幸而是完全无关紧要的狂妄之外，谁还能发现别的什么东西？……十年了，在德国没有人面对这种不应有的沉默觉得应该起来维护我的名字，我的名字在沉默中被埋没了。有个外国人，一个丹麦人，他首先对这种状况具有敏锐的本能和勇气，他对我的那些所谓的朋友感到气愤……去年春天乔治·布兰德斯博士在哥本哈根讲授我的哲学，这件事再次证明他是一位心理学家。今天，有哪一所德国大学能像他那样讲授我的哲学呢？——我本人对这一切并不感到苦恼；必然的东西不会伤害我；热爱命运是我最内在的本性。但是，这并不排除我喜欢嘲弄，甚至喜欢对世界历史的嘲弄。大约就在那震撼世界的《重估一切价值》发出惊人的雷鸣前两年，我把《瓦格纳事件》公之于世了：德国人想再次加害于我，使自己永垂不朽！对此正好还有时间！——达到目的了吗？——我的日耳曼先生们！由于高兴，我向你们致意……为了我不失去朋友，刚刚还有一个上了年纪的女朋友给我写信，她在嘲笑我……此时，对我没有温和的言语，没有敬畏的目光，当然一切责任都在于我。因为我肩负着人类的命运。——

为什么我是命运

1

我知道自己的命运。总有一天，我的名字要同那些对非凡的事情的回忆连在一起，——对那空前未有的危机的回忆，对那最深刻的良心矛盾的回忆，对那些做出与至今为止一切被信仰的、被要求的、被神圣化的东西进行斗争的决定的回忆。我不是人，我是炸药。——不管怎么说，我思想里没有任何东西表明我是一个宗教创始人——宗教是下层民众的事，同信教的人接触之后，我必须洗手……我不需要任何"信徒"，我想，我再狡黠也不会去信仰我自己，我从来不同庸人说话……我非常担心，有一天人们会称我是神圣的：你们也许猜到，为什么我预先出版这本书，就是为了预防别人拿我胡作非为……我不想做圣人，宁愿做傻瓜……也许我就是一个傻瓜……但是尽管如此，或者，不如说尽管不是如此——因为从来没有比圣者更具有欺骗性的了——我是真理之声。——但是，我的真理是可怕的，因为到目前为止人们称谎言为真理。——重估一切价值：这就是我对人类最高自我反省的行为的表达形式，这种行为在我身上已成为血肉和天赋。我的命运要我必须成为第一个诚信的人，要我懂得我是与几千年来的虚伪相对立的……由于我首先感觉到也就是嗅到谎言就是谎言，因此我发现了真理……我的天才在于我的鼻孔……我反对的东西，从来没有人反对过，尽管如此，我与否定的精神是对立的。我是一个快乐的使者，还没有一个人像我那样认识迄今还没有名称的、崇高的使命；从我开始才又有了希望。不管怎么说，我必然也是个灾难性的人。因为，当真理与几千年来的谎言做斗争时，一定会产生意想不到的震撼和天翻地覆。然后，政治这个概念就完全化为精神战争，旧社会的一切权力产物都被炸得粉碎——因为它们都是建立在谎言上的：一定会爆发地球上还没有爆发过的战争。从我开始，世界上才有伟大的政治。——

2

要想寻找蓝图，以便修建一条做人的人生道路吗？——它就在我的《查拉图斯特拉如是说》一书中。

——谁想成为善与恶的创造者，谁首先就必须是个破坏者，并且打碎一切价值。

——因此，最大的恶属于最大的善：但是，这个善是具有创造性的善。

我绝对是迄今为止最可怕的人；这不排除我成为乐善好施的人。我知道毁灭的快乐，这种快乐的程度与我的摧毁力相一致，——在这两种情况下，我都听从我的狄奥尼索斯的本性，这种本性无法使无为与肯定分开。我是第一个非道德主义者，因此，我是卓越的破坏者。——

3

你们不问我，你们也许应该问我，在我的口中，在第一个非道德主义者的口中，“查拉图斯特拉”这个名字究竟意味着什么：因为这个波斯人非凡的独特性在历史上做出的价值，正是与此相反的东西。“查拉图斯特拉”在善与恶的斗争中首先看到了万物运转的真正的车轮，——他的工作就是把道德转变成形而上学的东西，作为自在的力、原因和目的。但是，从根本上来说，这个问题也许已经是答案了。“查拉图斯特拉”创造了这个最严重的错误：道德。因此，他也肯定是第一个认识这个错误的人。这不仅是因为他在这方面比普通的一个思想家具有更长久的、更丰富的经验——整个历史实际上都是对所谓的“道德世界秩序”的原理进行实验性的反驳——更重要的是，“查拉图斯特拉”比普通的任何一个思想家都真实。他的学说，而且也唯有他的学说，把其真诚性视为最高道德——这就与逃避现实的“理想主义者”的胆怯相对立。“查拉图斯特拉”身上的勇气要胜过所有思想家的勇气的总和。说老实话和有的放矢，这是波斯人的美德。——你们明白我的意思吗？……道德的自我克制出于真实，道德家的自我克制由于有对立面，即我——这就是我口里所说的“查拉图斯特拉”名字的含义。

4

从根本上来说，我说的“非道德主义者”这个词，含有两个否定。第一，我否定迄今为止被认为最高尚的那种类型的人，如善良的人，亲善的人，行善的人；第二，我否定有影响力的和占统治地位的道德，——颓废的道德，更明确地说，就是基督教道德。可以认为第二种否定更重要，因为，高估善良和仁慈在我看来一般来说是颓废的结果，是懦弱的象征，是与上升的和肯定的生命不相容的：否定和毁灭是肯定的条件。——我首先谈谈善良者的心理学。为了评定某种类型的人的价值，必须把维持这种人生存的代价考虑进去，——必须知道这种人的生存条件。善良者的生存条件是谎言：换句话来说，就是无论如何不想看到，现实到底是怎么样的，即，不是为了随时向善意的本能挑战，更不是为了容忍盲目和温顺的手随时来干预。把各种危机视为反对意见，认为必须予以消除，这是愚蠢的做法，一般说来，这是其后果的真正祸害，是愚蠢的命运，——几乎愚蠢到就像由于同情穷人而以人的意志要老天爷取消恶劣的天气一样……在整体伟大的经济学中，现实的可怕（表现在感情、渴望和权力意志中）远比微小的幸福的那种形式（即所谓的“善”）更具有必然性；为了给“善”一个地位，人们甚至必须采取宽容的态度，因为它是由本能的欺骗决定的。我有充分的理由向整个历史证明这种乐观主义（这个乐观者的怪胎）的可怕后果。“查拉图斯特拉”是第一个知道，乐观主义者如同悲观主义者一样堕落，也许危害性更大，他说：善良的人从来不说真话。善良的人教你们走向伪装的彼岸和安全的地方；你们出生在和隐藏在善良人的谎言中。一切事物都受到善良者的欺骗和蒙蔽。幸好这个世界不是建立在只有温顺的群居的动物借以寻找其微小的幸福的本能上面；要求所有“善良的人”、群居的动物、蓝眼睛的人、仁慈的人、“灵魂美丽”的人——或者像赫伯特·斯宾塞[①]先生所希望的那样，他们应该是无私的——必须使生命失去其重要的特征，那就等于阉割人类，用可怜的中国把戏来损害人类。——人们已经试过这样做了……这也叫作道德……从这个意义来说，“查拉图斯特拉”有时称善良的人为“最后的人”，有时叫“结束的开始”。最重要的，是他把他们当作最有害的一种人，因为他们的生存是以牺牲真理和牺牲未来为代价的。

> 善良的人——他们不能创造，他们永远是结束的开始——
>
> 他们把书写新的价值到新的黑板上的人钉在十字架上，他们为了自己而牺牲未来，他们把整个人类的未来都钉在十字架上！
>
> 善良的人——他们永远是结束的开始……
>
> 不管诽谤世界的人能做出什么样的损害，善良的人做出的损害都是最严重的损害。

5

“查拉图斯特拉”是善良人的第一位心理学家，因此，他也成了恶人的朋友。如果一个颓废的人要爬到最高阶层，它只有牺牲与他相反类型的人（即强大的、把握生命的人）才有可能。如果群居

① 赫伯特·斯宾塞（1820—1903），英国社会学家。——译者注

的动物放射出最纯洁的道德光彩，那么特殊的人一定会被贬为恶人。如果谎言为了它的表面无论如何要挂上“真理”的面纱，那么就要在名声最坏的人当中去寻找真正诚实的人。“查拉图斯特拉”在这一点上明确表明：他说，正是认识了善良的人（也就是“最好的人”）使他对人产生了恐惧；由于这种厌恶的感情，使他生出翅膀，“飞向遥远的未来”。他毫不隐瞒地认为，他这种人是相对的超人，与善良的人比较是超人，善良的人和正义的人也许称超人为魔鬼……

> 你们这些最高等的人，我的目光碰到你们，这是我对你们的怀疑，这是我对你们的暗笑。我猜想，你们会称我的超人为魔鬼！
>
> 伟大的东西与你们的灵魂是如此的陌生，以致超人的善意在你们看来也成了可怕的……

人们应该从这段话中和其他章节中，开始了解“查拉图斯特拉”的愿望是什么：他想象有一种人，能够认清现实的本来面目：他的强大足以使他不会疏远现实，使他不会脱离现实，他本身就是现实，在他身上就有现实中的一切恐惧和疑惑，只有这样，人才能称得上伟大……

6

但是，我还从另外一个意义上，去选择反道德主义者这种称谓作为我的标志，荣誉的标志；这种称谓使我超越全人类，我对自己拥有这个名称感到自豪。迄今为止还没有人感到基督教的道德危及自身，还没有人感到具有远见的、闻所未闻的心理学的深度，基督教道德至今为止是所有思想家的妖精——思想家愿意为妖精效劳。——在我之前，有谁走进过那些散发出这种理想之毒气（也就是诽谤世界之毒气！）的洞穴呢？有谁敢想象它们是洞穴呢？在我之前，在哲学家中间有谁是心理学家呢？有谁不是心理学家的对头，不是“高级骗子”和“理想主义者”呢？在我之前，根本还没有心理学。——在这里做第一个心理学家可能是一种灾难，无论如何是命运：因为作为第一的人，也会看不起人。……对人的厌恶是我的危险……

7

——你们理解我了吗？——把我和别人划定界线的东西，使我和其余所有的人分开的东西，就是我发现了基督教道德。所以，我需要一个含有向任何人挑战的字眼。以前没有看到这一点，我认为这是对人类有责任的，是最大的不洁，是自我欺骗的本能，是漠视一切事件、一切原因、一切现实的根本意志，是心理学上近乎犯罪的欺骗。对基督教的盲目是重要的罪行——是对生命的犯罪……几千年来，各民族，古代人和现代人，哲学家和老妇人——除了五六次历史时刻，我是第七次——在这个问题上大家都互相尊重。基督教徒一向是“有道德的人”，是无与伦比的珍品——作为“有道德的人”，他可能做梦也想比人类最大的蔑视者更加荒谬，更加虚伪，更加自负，更加轻浮，甚至更加有害。基督教道德是一种欺骗意志的最危险的形式，是使人类堕落的真正的妖精。此刻，使我吃惊的不是正视它的错误，不是几千年来缺乏“善良的意志”、纪律、礼节和它在胜利时流露出来的勇敢精神，而是缺乏自然，违反自然被视为道德而享有崇高荣誉，并被视为法则，当作高悬于人类之上的绝对命令，这是十分可怕的事实！……用这种标准，不是作为个人的迷误，不是作为民族的迷误，而是作为全人类的迷误！……教人去蔑视生命的第一本能，为了使人蒙受耻辱，虚构出什么“灵魂”“精神”；教人在生命的先决条件中，也就是在性中，去觉察不纯洁的东西；在繁衍的绝对必要性中，在严格的自私自利中（这个词已经含有诽谤的意思！）去寻找恶的原则；在没落和本能矛盾的典型标志中，在“忘我”中，在丧失重点时，在“非人格化”和“仁爱”中（——仁癖！）颠倒较高的价值，我在说什么呢！看到本来的价值！……怎么啦？人类本身处在颓废状态中吗？人类一直是这样的吗？有一点是确定的，那就是只教人类知道颓废的价值才是最高的价值。去自我的道德本质上是堕落的道德，把“我走向毁灭”这个事实转变为命令式：“你们都要毁灭”——并且不仅转变为命令式！……这种过去一直被宣扬的唯一的道德，这种去自我的道德，流露出毁灭的意志，它最彻底地否定生命。——这里还有一个可能性，就是说不是人类处于蜕变中，而是教士这些寄生虫打着道德的旗号行骗，把自己说成是价值的决定者，——并在基督教道德中找到夺取权力的手段……事实上，这是我的看法：教师，人类的导师，全部神学家，都是颓废者：因此，重估一切价值就成了他们的死敌，因此，就有了道德……道德的定义：道德是颓废者的特性，带着欺骗的目的报复生命，并且取得成功。我重视这个定义。——

8

——你们理解我了吗？——我刚才说的每句话，早在五年前我也许已通过“查拉图斯特拉”之口说过。——揭开基督教道德的面具是一个不寻常的事件，是一场真正的灾难。谁阐明了这点，他就是强者，就是命运，——他把人类历史斩断为两部分。生活在他之前的人，生活在他之后的人……真理的闪电正好击中了那些一向耸立在最高处的东西：谁理解到那时已被毁灭的东西，谁就会注意看看，自己手里是否还有点什么东西。一向被称为“真理”的东西，现在都被认为是最有害的、最险恶的、最见不得人的虚伪的东西；“改良”人类这个神圣的借口，是吸干生命之血的诡计。道德被视为吸血鬼……谁揭开了道德的面具，他也就发现了人们现在或过去信仰的一切价值都是无价值的；在那些最受尊重的人中，在那些以神圣自居的人中，他看不到任何尊严的东西，他认为这些人是灾难性的怪物，说他们是灾难性的，因为他们蛊惑人心……发明“上帝”这个概念是作为生命的敌对概念，——“上帝”这个概念把一切有害的、有毒的、诽谤性的东西以及所有生命的死敌，全部纳入一个可怕的统一体，发明“来世”“真实世界”这些概念是为了诋毁唯一存在的世界，——是为了不给我们人间这个现实世界留下目标、理想和使命！发明“灵魂”“精神”，最后甚至还有“不朽的灵魂”这些概念，是用来蔑视身体，使它生病，或者变成“神圣的”，是用来轻视生命中值得严肃对待的一切事物和那些有关饮食、住宅、精神食粮、疾病治疗、清洁卫生和天气等问题！不讲身体健康，而讲“灵魂的拯救”——我要说，这是介于赎罪的心理震动和拯救的歇斯底里之间的循环精神错乱症！发明“罪恶”这个概念，包括属于“罪恶”的枷锁即“自由意志”的概念，是为了使本能混乱，是为了把对本能的怀疑心变为第二天性！“忘我”和“否定自我”的概念是真正的颓废标志，会引诱有害的事物，会看不到自身的用处，会使自我毁灭变为价值象征，变为“义务”，变为“神圣”，变为人中的“神”！最后——这是最可怕的——善良的人这个概念泛指一切懦弱的、病态的、失败的、自找苦吃的人，泛指一切应该走向灭亡的人——淘汰的法则被否定了，创造了一种由矛盾构成的理想，用于反对值得骄傲的、有良好教养的、积极的、对未来有信心的、未来有保障的人——这些人现在被称为恶人……而所有这些竟被认为是道德！——消灭害人虫！——

9

——你们理解我了吗？——狄奥尼索斯反对那个钉在十字架上的人……

附录

茨威格笔下的尼采[①]

尼采写给弗兰茨·奥弗贝克[②]一百二十九封信件反映出尼采心灵深处最辉煌、同时也是最恐怖的一面：弗里德里希·尼采晚年生活处于极其孤独之中。要想真实地去描写尼采极其孤独的最后十五年，单凭想象那是十分艰难，几乎是痛苦的事情，因为这种想象势必无限地发展了悲剧。这场单人剧没有其他的舞台背景，没有其他的演员，只有处身孤独的尼采。总的来说，人——哪怕是英雄人物——是难以在痛苦中保持冷静，难以去回味无聊的事情。那些乏味的事情对天才人物来说是极为可怕的。人们宁可去虚构传奇的故事，赋予恐惧以诗意，以便从感觉上避开恐怖，使英雄人物理想化，以便更好地去理解他们的伟大。近二十年来，德国游客养成这种习惯，他们在午饭和晚饭之间穿过上恩加丁山到通往西尔斯－玛利亚的铺得很好的砾石小径上散步，以便体验一下尼采在这里的寂寞。当年尼采孤独地站在弧形的碧空底下，面对海拔几千米的冰封的群山，梦想着他的《查拉图斯特拉如是说》和《重估一切价值》。这些游客恐惧

① 据《茨威格文集》译出，本文标题为译者所加。

② 弗兰茨·奥弗贝克，德国科学家、教会史教授，尼采的挚友。

地把这个庄严的风景优美的地方看作是进行大战的真正的战场。这些善良的人猜想不到，尼采在漫游期间怎样通过这里的诗意和雄伟来冲淡他内心巨大的悲痛。尼采给奥弗贝克的信件证明，他从来不是这样的上帝：沉浸于孤独之中，超越于普通人之上，远离喧闹的地方，仿佛从永远呈碧蓝的星空中走来，哼着“查拉图斯特拉”的夜曲，而是一个更为伟大的人物，他的寂寞更为强烈，因为这种寂寞很悲惨，没有一点诗意，非常乏味，因此他更为英勇。这种寂寞是一个病人的寂寞，他眼睛半盲，胃病，神经衰弱，容易激动。十多年来，他不断地回避自己，回避世界——为此他住过成百家旅店，平民公寓，住过乡村和城市——同时也在回避猎人和野兽，他在神经受折磨的情况下总是坚持工作。他写给奥弗贝克的信是最后发表的，也许是最优美的，因为它们是最秘密的。在这些信中，没有一处可以看到他在安宁而自由地休息——好心的市民把他的这种休息视为他的寂寞。全部的安宁只是微小的，所有的幸福只是短暂的。在他身上，他有时在卢加诺，有时在瑙姆堡，有时在阿尔古拉；然后又回到拜罗伊特、伯特、卢塞恩、施泰因阿伯特、奇洛、索伦特。后来他又认为，勒格茨的矿泉浴能帮助他从痛苦的自我中解脱出来，圣·摩利兹疗效显著的泉水和巴登-巴登的矿泉水会赋予他天才；后来他又在因特拉肯和内瓦寻找疗养地。不久他找到了上恩加丁山，他发现这座山可以使他解脱，使他安宁；后来他必须去南方的城市，威尼斯或者热那亚，孟托若或者尼斯；他又匆匆地想去圣母浴场；不久又向往森林，向往蓝色的天空；后来他又认为，只有生气勃勃的小城才能给他带来安宁。漫游丰富了他的科学知识，他阅读有关地质和地理方面的书籍，只是为了了解地区、气候，为了寻找能够与他相处的人。他想去的地方还有巴塞罗那，甚至还有墨西哥的高原，他希望高原能使他的神经安宁。但是孤独总是围绕着他，不管他要它，还是不要它，不管他寻找它还是回避它，孤独总是一再把他推到新的孤独之中，最终使他对本质的共同界限、空间和语言都毫无感觉，一切都是冷漠的，一切都是可怕的，极地地带是寒冷的黄昏，荒凉，陌生，充满神秘的黑暗，终于在黑暗上方出现了红色的北极光。

因此，人们在谈到他的孤独之前，就不要想象他隐居西尔斯－玛利亚时是多么舒适，多么愉快，并且充满诗意；在谈到他的漫游之前，就不要想象他这个人——他的形象通过流行的半身塑像和肖像提高了还是降低了他的威望和魔力——是何等的传奇！在他这些信件中，在他所有的生平资料中，没有一处表明他像巨型的半身塑像所塑造的那样：身材魁梧，宽大的额头，浓密的眉毛，炯炯的目光，厚实的髭须，嘴巴显得倔强。要想真正地理解他，就得降低他外形的标准，就得敢于正视他身体的状况。塑像上他的眉毛浓密，目光炯炯，实际上他目光无神，视力很弱，由于读书时间太长眼睛流泪，他的眼镜暗淡不会发出光亮而使眼睛闪亮。他的手写起字来很机械，眼睛几乎跟不上手的移动，阅读信件对他这个半盲的人来说是一种折磨，打字机是美国人赠给他的最珍贵的礼物之一，因为他在打字机上找到表达的新的可能性。在高高的、光洁的前额后面，实际上是太阳穴在突突地跳动，针刺般的痛苦使他抽搐，可怕的失眠使他惶遽，他试图麻醉自己，服用的安眠药剂量越来越大，但是不起作用。他的神经越来越过敏，使全身的器官受到震撼，饮食稍有疏忽就会刺激过敏的内脏，有时整天呕吐，环境的变化、空气的压力和天气的转变都会给他的身体带来危机。他的身体似水银般敏感，他的情绪就像四月份的天气一样多变，会突然间从无法抑制的、几乎是病态的欢乐中降到黑色的忧郁之中，一切都取决于他的神经，神经的感觉就是痛苦的感觉。可怕的是，他的神经完全依赖他的身体状况；更可怕的是，他的孤独极少或者几乎不会由于与其他人接触而转移，他手里总是拿着颤动的磁针——他感觉上的罗盘仪；尤其可怕的是，他的内心敏感性通过他小市民那种受压抑的狭窄的不愉快的生活在不断地增强。只有同时代的陀思妥耶夫斯基[①]同样经历过辗转异邦，陷入贫困和被人遗忘，才能理解这种内心的痛苦。19 世纪下半叶，艺术和科学五彩缤纷，而当时两个最伟大的天才却在可怕的至今难以看透的背景下备受孤独之煎熬。作品中的杰作，生活中的先觉蕴藏在两个衰弱的拉撒路[②]——他经常在痛苦中死亡，上帝又把他从死亡中唤醒——瘦长的身体里。他们首先必须走出孤独的重重包围，才能达到最后的真正的孤独。

尼采的最后寂寞是怎么样，没有见证人，没有谈话，没有人遇见；只有呼喊，从黑暗中呼喊出来，传到远方，他的希望和痛苦的喊声来自他的信件。起初只是感觉上有些紧张，身体上有些不适，渐渐地整个氛围变了，孤独的空间变得陌生，变得寂静，变得寒冷，孤独就像铁板似的天空压迫着他，然后整个生活变了，变得不理智，变得痛苦。如果把他这些信件逐年地看下去，就会感觉到，在他的周围变得越来越黑暗，越来越寂寞，仿佛是从明亮的世界走向黑暗的山洞一样。他在普法战争[③]中得了重病，第一次去南方治疗，1871

① 陀思妥耶夫斯基（1821—1881），俄国诗人和小说家。

② 拉撒路，耶稣曾从墓中使之复活，为看护之象征。

③ 普法战争（1870—1871），尼采参加普法战争，当志愿看护兵。

年回到巴塞尔当教授。当时他的生活充满希望，他初期的成果闪烁出光芒，得到人们的赞赏。在巴塞尔大学，他是最受欢迎的，也是最有争议的教师之一，他的首批作品使他成为热烈讨论的中心人物。理查德·瓦格纳是他那个时期最伟大的人物，在德国他比任何一个人对瓦格纳都亲近，他将是新的哲学的开创人和领导者。同巴塞尔大学断绝关系后，他没有同其他大学建立新的联系。现在他每前进一步都使他更加感到孤独，他每出版一本书仿佛更远离当代文学。它同瓦格纳断绝了关系，使他不再是“完人”——他认为的“完人”就是能以当了二十四年的语言学家的天才目光察觉当代最特殊的现象——而使他一下子失去了一半的关系。那些通过瓦格纳认识他的人，为了瓦格纳的缘故而离开了他；那些还留下来的人，小心谨慎地对待他，并且对他的信任也有限度。又过了两年，这些关系又破裂了。使他右故乡感觉的妹妹也跟随其丈夫出国去了。鼓舞他创作的亲朋关系越来越少了，现在当他的创作进入空前状况时，这种关系降到了极点。他创作的新型的作品能散发出一种的魔力，吸收住一种极其神秘的力量，这种力量把他的朋友排斥走了。在他四十岁创作进入高潮时，他仿佛回过头来，张开双臂欢迎新的朋友：

啊，生命正当午！人生第二春！
啊，夏天的花园！
幸福即将来到！
我期待朋友，日日夜夜，
新的朋友！来吧！是时候了！是时候了

但是，他的生命之树已不能长出叶子。太晚了。偶尔也有些关系来往，那是来自远方的布朗德斯，施特林贝格，希波吕特·泰因内。但是他们住得太远，太偏僻，难以对这个内心在燃烧、体外感到寒冷的人产生影响。这位半盲的人摸索着从旅馆走向旅馆，从海边走向城市，从阿尔卑斯山走向峡谷，但是总是从孤独走向孤独，最终内心的高温烧毁了他体内结了冰的血管，在都灵癫狂症侵袭了他，没有一个朋友在场。孤独破坏了他天才的大脑。

只有一个人，弗兰茨·奥弗贝克，一直在那儿。当尼采辞去巴塞尔大学教职时，他在那儿；当尼采从远方漫游回来时，他在那儿。他是忠诚者中最忠实的人。现在第一次完整地发表他与尼采的通信。对这些信件的发表争论了几年，后来原原本本地发表了这些信件，对他们之间的友谊的产生和表现形式没有作指导性的说明。这样处理也许更好，可以表现出尼采的个性和人性。从尼采给奥弗贝克的信中，人们感觉不到尼采是语言学家、教授和作家，感觉不到尼采对自己和世事起作用的有创造性的一面，只能感觉到被掩盖的本质的东西：献身和友谊。奥弗贝克不像理查德·瓦格纳那样是尼采心目中的大师，不像彼得·加斯特那样是尼采的门徒，不像罗德那样与尼采志趣相投，不像尼采的妹妹那样具有血缘关系，他只是朋友，但是这个朋友是值得信赖的。他为尼采做了一切。他是尼采的邮件主管，书籍批发商，银行家，医生，经纪人，通信员，安慰者。他始终为尼采排忧解难。他能够理解尼采特殊的性格，并且珍视他们的友情。在尼采动荡的生活中，他是唯一始终以坚定的信心支持尼采的人。尼采有一次出于内心的感激说出充满幸福的言语："我中年就得到善良的奥弗贝克的关心。"

尼采给他写信时毫无遮掩，甚至连身上细微的毛病都写，在别人面前尼采对这些毛病也许还要遮遮掩掩；尼采什么事都对他叫喊，甚至家中细小的事都说，哪一天晚上失眠，哪一天下雨，自己病情的变化。尼采的信件有一半写的是这些琐事，另一半写的是发自内心里的绝望的叫喊。读这些信很可怕，有如大咯血一样："我根本不理解，我为什么只能再活半年""我必须发明一种新的忍耐，比忍耐更加忍耐""拔出手枪现在对我来说是相对愉快的想法的源泉"……还有尖锐地叫喊："请你帮我死得容易些！"除了爆发这些冲动的感情，尼采还诉说一些生活上操心的事。他诉说在热那亚没有炉子，他想的一种不那么难喝的茶叶，凡是感到压抑和困扰的事情他都写信告诉他的朋友。他不断地把自己的痛苦和贫困向远方的奥弗贝克诉说，但是他又从礼节角度认识到自己这样做很不好，他小心谨慎地询问是很感人的："我一直是个累赘的伙伴，是吗？"实际上，在过去的十五年中，他们很少见面，但奥弗贝克丝毫没有失去坚定性，尼采总是以激动的心情赞扬他这种坚定性。他同情地倾听尼采的诉说，他用巧妙的安慰来减少他的绝望，他认为他的激情是真实的，没有以丝毫的怀疑来减弱他的激情，他从来没有用异议来刺激他过敏的神经，他从来没有用空话敷衍他。他的来信充满着冷静、亲切、舒适、平凡和轻松愉快，正是从不间断的来信和意见分歧中可以探讨尼采滔滔不绝的热烈的健谈性格，正如他的坚定性给这个孤单的人带来安慰一样。他想方设法为尼采弄到胃病所需要的食品，不知疲倦地满足尼采的愿望，替尼采管理财产，他的请求从来不涉及自己，而是为了尼采。他的请求就像母亲的温柔，他这样写道："不要冻着，营养要好。"当他有时为了改善尼采的状况敢于向尼采提一些小建议时，他的请求就像父亲一样预先加以考虑的。有一次他试图从根源上解除尼采最深沉的痛苦，把他从孤独中解救出来——这种孤独使他陷入绝境，使他感到压抑，使他燃烧，使他冻僵。他非常谨慎地小心翼翼地建议他去教书，当然不是上大学的课程，而是在高级中学里上点德文课。奇怪的是，尼采平时对别人的建议总是充耳不闻，这回却讥讽地写道："人家想劝说雷俄科翁[①]去排除困境……"信里还写上这样优美的格言："受苦对于每个人来说是廉价的战利品，每个贤明的人都是受苦的人。"尼采就是这样冷静而耐心地回答了这个建议，尼采认为这个建议是最近阶段人家向他提的建议中最能接受的建议。尼采看得出来，朋友用这种诱惑是为了什么，尼采感觉到重返教坛的深刻意义，但只是持怀疑的态度补充说："等完成了《查拉图斯特拉如是说》后再说，我担心，世界上没有一个学校会要我当青年学生的老师。"

但是与尼采的友谊还要经受最后一道的考验，就是他的作品的考验，几乎所有的人都经不起这个考验。这种说法是很奇特的：这种友谊存在十五年不是由于尼采的作品，而是不顾他的作品。尼采自己曾经也严肃地说过："这很好，我们相互之间前几年没有变得陌生，尽管有了《查拉图斯特拉如是说》也没有变得陌生。"尽管有了《查拉图斯特拉如是说》也没有变得陌生！他的作品使所有爱他的人都离开了他，这对尼采来说是习以为常的。事实上，在尼采与奥弗贝克之间，尼采的文学创作与其说促进了他们的友谊，不如说考验了他们的友谊。奥弗贝克永远无法以真正的热情接受尼采的作品，他内心里有道德的阻力，他们两个人充满深情，平时坦诚相处，但

① 昔小亚西亚西北部特拉城之祭司。

是互相小心谨慎地回避争论。尼采不断地向奥弗贝克赠书，并非常担心由于自己的作品会失去这位朋友，有一次赠书时尼采仿佛央求地写道："老朋友，请你从第一页读到最后一页，这样你才不会迷惘，我们才不会疏远。请你集中全力，请你忍耐，请你保持对我的友好。如果你对这本书难以忍受，也许有成百个细节不堪容忍。"他请求原谅他写出这样不寻常的东西："现在人们不要期望我写出优美的东西，不要苛求一只难受的挨饿的动物能出色地撕裂它的猎物。"奥弗贝克明确地表示歉意，说不完全理解他的作品，他坦诚地写道："我还达不到深思的标准，没有能力专心致志地钻研你的作品。"他没有通过文学上空洞的言语来掩饰内心里的生疏，而是宁可拒绝评论。他没有谈论他的作品，只是对此表示感谢，并且尊重他，忠诚于他。他一直是他的朋友，是这个孤单的人的最重要的朋友。有些人对此感到失望，在通信中对尼采的作品所发表的意见完全是独自式的，单方面的，只有尼采在说明，在预言，在释义，没有奥弗贝克的倾诉，他只是表示感谢，表示敬佩，只是小心谨慎地评价。因此，有些人也许认为，奥弗贝克是低能的，是缺乏理解力的，因为尼采的作品对我们来说是重要的，而他一时却不能理解，更不能理解其重要的意义。我们认为尼采是个整体，他的作品也是完整的。今天我们也许无法回过头来理解，当时出版的许多书籍是多么离奇，多么单调，多么不连贯，多么难以理解，但是尼采在通信中立即向他的朋友指出，那些书是乱七八糟的。他在信中写道："今天我第一次想到，想把人类历史分裂成两个部分。"他又写道："除了我，没有人能预言'查拉图斯特拉'所预言的东西。"他预言："目前的欧洲还不知道，我的天性关系到何等可怕的决定，我系在什么问题的轮子上，一个灾难正在酝酿之中，我知道是什么灾难，但是我不说出来。”人们推测，有个朋友忧郁地想得到一本有关这种预言的书。奥弗贝克是忠诚的，他忠于尼采。尼采一再对他表示感谢：“在我人生最严寒的季节里，你给我永恒的忠诚。当我脱离理查德·瓦格纳时，没有人以千分之一的热情和同情帮助我与他沟通。”

即使这样，对于尼采来说，理查德·瓦格纳仍然是他所认识的做人的最高标准，仍然是他在人性方面所给予的最高赞扬。实际上，尼采写给奥弗贝克的信以及与理查德·瓦格纳的通信，与他妹妹的通信，都是尼采的真诚和亲密的顶点。在他们心中感情的深厚，悲剧发展的力量，今天我们是无法认识的。没有文学的分歧，没有哲学上的闲谈，这就抑制了他在信中发出的高昂的声调。

尼采与希特勒[1]

尼采是语言上的虚无主义者，希特勒是行动上的虚无主义者。两人追求不可获得的东西，他们没有能力控制自我达到能够达到的境界。在这方面两人毁灭自己并毁灭了人类中一大部分被他们引上歧途的人。恶劣的表演结束了，救世主的假面具剥落了，只剩下一堆变态心理、怯懦、无能、虚无和荒唐，矛盾取代了闪光的语言和自我背叛的完美的协调，剩下的是幽灵般的兽性。

尼采和希特勒两个人十分重视把他们个人的命运变成整个人类的命运，变成欧洲以及德国全体人民的命运，从某种方式来说，他们和这些集体等同起来。

一方面，尼采断言仅仅是为自己而写作，而另一方面他试图使他的读者相信，他的命运不仅是他自己的，而且也是欧洲以及全人类的。正如尼采在文学上所表明的那样，他在这方面没有得到丝毫的成功。

与此相似，希特勒只干符合他瞬息灵感产生的事情，他觉得自己像个怀才不遇的天才，他像“魔鬼”那样操心人类存在的规律和

① 选自（德）桑德福斯：《尼采与希特勒》，周新建、黄敬甫译。

习惯。非常相似，希特勒把他的空想世界同德国人民的本质和历史联系起来。他在这里也引起共鸣。

人们很难把尼采与 19 世纪欧洲的思想界分开，特别是黑格尔、叔本华和瓦格纳。同样，人们很难把希特勒和他那个时代的精神思潮和政治潮流分开，人们很少把希特勒看作是晴天霹雳，因为这天空早已黑云密布了，黯淡很久了。德国的“思想”自从黑格尔以来已经从西方国家的宗教和文化传统中摆脱出来，并同它决裂。尼采和希特勒是这一毁灭性运动的代表人物。

根据我们的课题，我们放弃探讨希特勒独裁的形形色色的世界历史的前提。我们首先感兴趣的是尼采和希特勒之间的意识史关系。他们的思想方式相互吻合，这是毋庸争辩的。在第一至第三章中我们已经指出一系列类似的特征：

病态的自信、使命狂、夸大狂、不信上帝、自我崇拜、伤风败俗、权势的意识、迫害狂、阴谋理论、颂扬战争、伟大崇拜和罪行崇拜、战术上的唯道德论、使权力和统治世界计划绝对化。尼采蔑视人类的思想（如下文指出的那样）是通过残忍和冷酷的手段——正如希特勒命令所施行的——才能够对人类以及人道犯下罪行。

然而，这两个畸形性格的相似并不局限在他们的思想方式。

尼采和希特勒童年时就很怪癖。尼采十四岁时认为他的游伴古斯塔夫·克虏格（在玩堡垒游戏时）“一个厉害的防御者，别人很难战胜他”。在进攻基础上的优势或劣势对于他来说是一生衡量他与同伴关系的标准。希特勒（自称是“好斗的男孩”）选择两册有关德法战争（1870—1971）的画报作为他“喜爱的读物”。

“不久，伟大而英勇的斗争成了我内心最伟大的经历。从此以后，我越来越热衷于与战争或者战士有关的一切。”[①]

尼采童年时就想与人合著一本《军事大辞典》。他说，要把别人论述战争科学的术语“全部剽窃过来”。

“不一会儿，激发我们热情的明亮火焰在熊熊燃烧。如果火红的滚球在昏暗中呼啸而过——因为我们玩球常常直到夜晚——那情景确实很美。最后通常是整个舰队在燃烧，所有炸弹在燃烧，同时火焰常常升起两条火柱。”[②]

战斗和消灭成了尼采和希特勒（他成了“小头目”）接近游伴的唯一领域。无论是战争、地震或雷雨，灾难是它们的要素。

“雷雨极为强烈地爆发出狂风和冰雹，我感觉到无法比拟的振奋。我真正认识到，如果我们因为忧虑和苦恼而必须逃到大自然中去，然后我们才真正理解大自然。人类和他不安宁的愿望对我来说算什么！长久的‘你应该’‘你不应该’对我来说算什么！闪电、风暴、冰雹则不一样：自由自在的权力，没有伦理学！它们多么幸福，多么强大，纯洁的意志，没有因理智引起的混浊！”[③]

这段摘自 1866 年一封信中的话基本上可看出尼采的基本倾向：“我是炸药”[④]。

“我智慧的闪电！镀上他们的眼睛！”[⑤]

希特勒用雷雨的形成比喻第一次世界大战的爆发。

“当我在维也纳的时候，巴尔干山脉上空笼罩着灰暗的闷热，这

---

① 希特勒：《我的奋斗》，第 4 页。

② 《尼采全集》第 21 卷，第 12 页。

③ 《尼采书信集》第 1 卷，第 14 页。

④ 《尼采全集》第 21 卷，第 276 页。

⑤ 《尼采全集》第 13 卷，第 366 页。

通常预示着风暴的来临。有时明亮的阳光在天际闪光，然后又迅速消失在无边的黑暗之中。接着爆发了巴尔干战争，然后第一阵风伴随着战争扫过紧张不安的欧洲。随之而来的时刻像梦魇重压在人们的身上，压得人们透不过气来，以至于预感到灾难的临近。由于无边的忧虑终于变成期待灾难的到来，老天终于愿意让不再受控制的命运听其自然。这时第一道强烈的闪电划过大地：风云突变，世界大战的隆隆炮声和天上的雷声汇成一片。"[①]毁灭一切的爆炸是尼采和希特勒心灵生活中的心理的基本暗号。另外一个补充的基本暗号是"花岗岩"，也许这是心灵硬化和变质的象征。

希特勒发现，他在维也纳时期形成的世界观成了他行动的"毫不动摇的基础"。

"毫不动摇"在这里标志着狂热的偏见，僵化的意见和信念。

从另一角度来说，他不仅想制止"德意志民族的没落"，而且还预示——他是不断斗争和变化的赞美者——将来的国家的"花岗岩的基础"。在尼采身上我们找到心灵硬化的同样过程——冷酷无情的偶像正适合他——具有相同的暗号"花岗岩"。

"思想的深处存在一些不受劝告：决定人类命运的坚定性，预先决定所有问题的标准和与我们的关系的坚定性，同样有权要求解决一定的问题，这些问题深深地烙在我们的名字上。"[②]

不用猜测，尼采也揭示了"不受劝告者"的心理上的"模式"：利己、专断的狂热者紧张而僵直地坚持己见、他的自我。

在《人应怎样变成化石》一文中写道："逐渐地、逐渐地变得像

① 希特勒：《我的奋斗》，第173页。

② 《尼采全集》第14卷，第35页。

宝石那样硬——最后安静地成了永恒的快乐。”[①]

永恒难以为石化感到高兴，石化并不像真宝石那样受到神光的反射。狂信、宿命论和严酷的激情在这些事情上显然并非高贵的而是毫无希望的颓废的相应标志。

希特勒著名的顽固性如同尼采的意志思想和权力思想一样似乎来源于童年时期的经历。两人都徒然地反对他们父亲的意志。他们后来所具备的性格特征，其前提在于受挫的意志发展产生了补偿满足。“如果有什么不合他的意，他就躺倒在地，愤怒地蹬腿。但是父亲对此必须采取果断的措施；因为这孩子会更久地顽固而不顺从地赖在那时，要是人家不给一点他想要的东西。但是他反而不再提出要求，而是悄悄地溜到角落里去或者到他刚才发脾气的地方去。”[②]希特勒的父亲想培养他当官吏，但是在他父亲在世时，他违抗父亲的意志没有得逞。

“我想当画家，不想当官吏谋取世界的权力。”[③]命运使希特勒免去了最后的争辩，因为当他十三岁时父亲去世了。

尼采也是早年丧父。这样在他青春期时，现实的意志力的发展就省却了与其父的意志发生冲突。

这意外带来的“胜利”十分重要地决定两人的命运。他们一方面唤起无限的欲望，另一方面则羞于真实的较量。

虚构的，不可战胜的意志成了尼采的力量源泉，正如“查拉图斯特拉”在《坟墓之歌》中所说的那样：

---

① 《尼采全集》第10卷，第330页。

② R·布隆克：《尼采的青少年时期》，第30页，Basel出版社，1953年。

③ 希特勒：《我的奋斗》，第15页。

“我青年时期的全部幻境和慰藉都已逝去！我如何忍受？我如何扭转和战胜这一创伤？又如何从掘墓人中产生我的灵魂？是的，我坚定不移，毫不放弃，一往无前。这就是我的意志，默默地向前，坚定而不变。”①

这是诗。真实是另一回事。尼采作为一个孤独的怪人和“逃难者”离开了波恩和他的同学。

“但是我的天性在他们中间得不到满足；我自己还十分胆怯地掩饰自己，我没有力量在那里的活动中发挥作用。一切都强迫我接受，我还不懂得控制我周围的事物。”②

正如我们所看到的，比如希特勒与他同胞的关系完全是由统治的原则所确定的。

尼采退出他的大学生联合会，他“打破”并“分裂”联合会的关系，标志着他与其他人的关系紧张、粗暴。当希特勒回到他出生的城市“无论如何”要谋取一个生计时，他可能也有相似的感觉。

如同希特勒仇恨官吏，尼采也仇恨牧师，这是仇恨父亲的一种形式。

“无法统治自己的时代”，这是希特勒当官时所厌恶的事。

尼采也有类似的感觉：“谁在得势时要是没有三分之二的人听他的，谁就是奴隶，而且不管他是谁，不管是国务活动家、商人、官员、学者都一样。”③

尼采和希特勒对有规律的日常工作分工以及确定的职责范围都

---

① 《尼采全集》第13卷，第145页。

② 《尼采全集》第21卷，第40页。

③ 《尼采全集》第8卷，第247页。

不感兴趣。他们宁愿过不安定的生活，一个研究哲学，另一个探讨政治，两个人都具有这样不可动摇的信念：仿佛他们生来就有能力改造人类。

报告证实了相片所共同表明的情景：目光呆滞，这种目光可以说明这两个人不单视力很坏，而且在他们的目光中还晃动着一些不祥之光，似乎是救世主的又是先知的光芒。

"查拉图斯特拉"宣称："我说笑是庄严的，你们高尚的人，向我学笑吧！"①

尼采从来没有学过笑。

他具有解释神秘者叔本华的极端严肃，在第一次失败时从中发展了"可怕的严肃"，不久尼采成为永恒的毫无幽默感的思想家和偏激狂。

他认为《新约全书》是可反驳的，因为书中没有出现任何丑角，但不论在《快乐的科学》中，还是在其他任何著作中都找不到丑角的踪迹。希特勒一面让人为侵略战争做准备——一面保证说，这是"神圣的严肃"；可理解为欧洲的利益优先于民族的利益。那么，他的严肃已蜕化成伪善的脸部表情。希特勒当二等兵时要比他的同伴更加认真对待第一次世界大战，因此后来永远听不到他由衷的笑声。

这样带着庄严的自然姿态出现了，它给不带偏见的观众留下了滑稽的印象。可笑的恐惧，对善意的同胞持病理上的怀疑态度，这表明了迫害狂的两种迹象。

几乎没有第二个人像尼采那样诽谤基督教徒和德国人。他声称，基督对他"犯下了某些大小罪行"，德国人想"极力毒害"他。

---

① 《尼采全集》第 13 卷，第 373 页。

当希特勒最终认识到，他使几百万人无谓死亡，他控告上帝和世界：世上没有正义，无人肯让他调遣。他们内心紧张干下的一些行为说明了两个人的童年时代是艰难的、缺少爱的。

“在很早的时候，大约在七岁吧，我就已经知道，我永远听不进一句通情达理的话：人们把我看作是悒悒不欢吗？”①

尼采的作品，特别是他的书简充满了对无情的亲友、同胞、德国人以及不理解他的人类的控诉。“如果我根本不愿回忆我的整个童年和青年时代”②，这是“可恶的唯心主义”的罪过。

1875年他在致玛丽·鲍姆加登女士的信中说：“您肯定不相信，在我的一生中我是受溺爱的。我相信，您也已经看出了这一点。在我幼年时，在我这方面是有点听天由命的了。”③

他也恳求他母亲般的忠实朋友封·迈森布格小姐事后给予母爱。

尼采真的很少得到爱吗？不！大家都在帮助他，对他怀友好态度而且在爱他——但是不够！

相反，他试图给人以印象，似乎他富得不用受取，永远只能赐予。在《贻赠的道德》中，他为自己树立了一块难以置信的纪念碑。这是尼采贪得无厌的病理状态。这种贪得无厌一方面在他心中依然保持着没有得到爱的感觉，另一方面产生了极为丰富的爱的幻觉。

他以充分的理由控诉德国人民没有得到爱，但是播下的是仇恨的种子，怎能期待收获爱的果实呢？如果你同时抹黑德国人民的理想、价值和庄严，怎能希望得到别的民族的谅解和友好态度？

---

① 《尼采全集》第13卷，第211页。

② 《尼采全集》第21卷，第196页。

③ 《尼采书信集》第1卷，第264页。

尼采的控诉绝不只局限于德国人民对他冷酷无情。1887 年 2 月他写信给奥韦尔贝克：书评未到并不怎么使他痛苦，但是“其他的事实使我十分痛心，现在一直如此：在以往的十五年中没有人‘发现’我，没有人需要我，没有人爱我，我没有得到真正爱的慰藉而度过了漫长又十分痛苦的时期。我全部的《查拉图斯特拉如是说》是在这种困苦中产生的——它一定是难以理解的！”①

最终对赫拉克里特的名著（找寻自己，B101）进行特别的改动，以满腔的激情朗诵：“我探索过所有的人，在他们身上没有发现我的理想。”②

尼采在与基督教论战时要求能实现的理想，当他在另外场合赞美“不可能”之路时，则诉说人们不喜欢他的“不可能”的偶像，不理解它，所以才拒绝它。

尼采不懂得爱，没有得到爱并且受孤立，这是他的命运。他可以爱，但是他不要爱。他受到爱，但是他不要别人爱。他不是受孤立的人，但是他要感觉到被孤立，因为他的“使命”需要被孤立的激情。他自己负责自己的命运，他并不试图为别人担负责任。——希特勒公开承认，他不爱他的父亲，而且畏惧他。他对幸福的要求是无法实现的。他“整个一生只是由战斗和艰辛组成的……失去了欢乐的童年、在维也纳度过的艰难的青年时期、世界大战时期、然后是十三年奋斗时期，最后是陶醉在权力中的年代”，这些时期抹去了他本质上宽厚而混存的痕迹，使他具有“固执和残忍的战士性格”。

尼采和希特勒都反对喝酒抽烟，但是并非出于明智的原因，而

① 贝尔诺利：《奥韦尔贝克与尼采通讯录》，第 363 页。

② 《尼采全集》第 21 卷，第 78 页。

是由于经验教训和天生的虚弱。

十八岁的尼采心乱如麻，近乎垂头丧气地对他的母亲说，他喝醉了。他意志消沉的主要原因在于担心丢了他的面子。

当他清醒时，这位“狂热的青年”承认说：“酒对我是有害的；一天喝一杯葡萄酒或者一杯啤酒足以使我脱离‘尘世’。”

希特勒竟敢十分认真地声称，德国人民的得救也许要感谢他不抽烟。由于抽烟中毒他失去了许多杰出的人才。抽烟本来是红种人对白种人的报复，因为白种人使红种人受到酒精的毒害。

如果我们要对他厌恶喝酒和抽烟的事寻根究底，我们认为这是由于他放荡的青年时代经历所致，尼采的情况也相似。

人们可以认为，这种禁欲主义的原则——奇想多于原则——同体育运动有关，受运动制约或者以运动说明动机，但是他不是这样。尼采和希特勒尤其是不像运动员风格的典型。此外，他们厌恶一切能够调节客观工作效率的活动：计算、数学、下棋。尼采和希特勒对经济问题不关心与他们厌恶钱有关。

两个人深陷于迷乱的、病态般的幻想世界之中，他们是极其不通人情的人，也是不了解妇女的人。他们对妇女的印象是十分粗陋的。

“查拉图斯特拉”需要好战的男人和生育力强的妇女，因为“女人身上的一切是个谜，女人身上的一切只有一个答案，这就是妊娠”。从中表明了完美的缺陷和愿望，如同“我的儿子，称作‘查拉图斯特拉’”。

“你去女人那里吗？请别忘记带鞭子！”这可能就是尼采对“妇女的理想”，这也许源于他“在科隆的嫖妓经历”，并且符合相似的爱好。健康的（男性和女性）意识对这种放荡的生活是很厌恶的。

希特勒将妇女比作物质。两个人与其说是屈服于“落后的势力和残暴”，不如说是屈服于理智和自由的原则。真正受过教育的、精神高尚而总是受到责备的女性不堪忍受尼采和希特勒的态度，她看透了尼采思想之虚弱，看透了希特勒雄辩之愚昧。

此外，希特勒狂热地撮合婚事，最终使不愉快的婚礼面临破灭的境地。尼采出于恐惧，十分可笑地对封·迈森布格小姐隐瞒了他对塞勒姆[①]的感情，并且在她面前自称是他的对手保尔·瑞的情人，但是失败了。

在男性时代的两个先驱者身上发现了女性的幼稚的激动，这表明他们成长中受过挫折，受过抑制。

“游戏、无用的东西——看作给人以力量的理想，看作‘儿童的’活动。这是上帝的天真。”[②]这句选自《作为艺术的权力意志》一文中的话表明了第二次滥用赫拉克里特的话。让我们引证一句富有启发性的评注：

“除了游戏，我不懂得用其他的方式去调节伟大的使命，”[③]这样我们就得到了悲剧思想的根源和目标的初步概念，悲剧思想由复归的破灭的倾向形成，它把广博的混沌赞美为力的精彩表演。希特勒的幼稚行为部分表现在“单纯的社团游戏”中，部分表现在儿童的狂热崇拜中（因此他不是单独存在于他的时代），部分表现在玩战争之火，部分表现在外交舞台上。如果最终偏爱糕点、甜食，如果好奇、任性以及具有男性的某种狂热是女性的心理特征，那么根据尼采和

① 塞勒姆，德国女作家，她曾经是尼采的情人。

② 《尼采全集》第19卷，第209页。

③ 《尼采全集》第21卷，第211页。

希特勒的心灵活动，他们倒是属于这个类别。

对外语，对外国缺乏了解，这与无能深入研究别人的情感和思想方式有关，这与无能了解正常人、了解妇女有关。当然，这里应该有阶段的区别，因为尼采具有较高的文化水平，特别引人注目。但是他不管在浦达学校里学习，还是后来在掌握现代语言的实际技巧方面都没有什么成就。

但是他通过学习外语产生思路，常常变不利为有利："学习多种外语，用词汇而不是用事实和概念填满记忆，记忆是个容器，每个人的容器只能容纳一定数量的有限的物质。倘若自信有能力，而且事实上也在交际中起到某种沽名钓誉的作用，那么，学习多种外语则是有害的；为此不去获得基本知识和观点，以诚实的方式博取别人的尊重，因此，间接而言也是有害的。"[①]

尼采担心他的记忆受过重的负担，在希特勒阐明《阅读的艺术》一文中发现有惊人的雷同之处。他发觉大部分博学的和受过教育的人缺少阅读艺术，他要求的阅读艺术是"将有价值的和无价值的分类，然后有一部分要永远记在脑中，另一部分如有可能就根本不用去看，绝对不能把无用的东西也带走"。

你不是心理学家就不知道，无目的的学习和无心学的知识有时如何才能对一个人有用处。我们今天的教育（确切地说缺乏教育）的弊病在于特别坚持（人们也希望坚持）轻率使用尼采和希特勒所鼓吹的"秘方"。两个人是不看和健忘的大师。

尼采和希特勒生活的世界不是罗马、巴黎、伦敦或者柏林，而是阿尔卑斯山，荒僻的地方，——勒姆已经说明，希特勒偏爱高山、

① 《尼采全集》第8卷，第236页。

确切地说是倾向自我崇拜——满是花岗石、岩石、石头的荒凉山脉，这山脉帮助他们得到一种麻醉剂，使他们陶醉于伟大、宏伟、巨大和超人之中。在这里离奇的、野蛮的偶像渐趋“成熟”，这两个“不了解世界的改良者”想以此“庆贺”人类。

“在阿尔卑斯山我是不可战胜的，特别是当我一个人，并且除了我自己没有别的敌人的时候。”①

山地世界的孤寂成了尼采的庇护所，成了他梦幻中追求的寺院生活的一种形式。“作为无神论者谁想很好地使用他的钱财，就应该按寺院的方式建立学院，使人类能够最容易地过上和睦的共同生活，否则人类同世界将毫无关系。”②

修道士或者僧侣是否——空洞的，绝望的尘世偶像在党卫军之国的骑士团城堡里找到了实现的形式——或者是“阿尔卑斯山的空气和冰的空气”，这里的判断同那里相似：

一个“高等人的联盟”，这也就是说，一群羞于和人交往、低效率、厌世、统治欲、复归的颓废的本质的人的联盟，他们悲观失望地意欲用暴力建立一个空想的世界——一个世俗的、邪恶的与天国对立的世界。

关于尼采狂热追求的自负的孤寂无须多说。他能够以此给感伤的一代留下深刻的印象。

尼采自称他羞于与人交往。事实证明希特勒也是这样。随之而来的便是两人都蔑视人类。希特勒对交际的欲念是随着他成就的大小而动摇不定的。在他当元首荣誉处于高峰时，他觉得没有什么比

---

① 《尼采书信集》第3卷，第569页。

② 《尼采全集》第9卷，第399页。

跟一个女人在一起吃饭更美妙的了。当他末日临近时，他有时痛楚地说，人类太坏了，不配再生存下去。他滥用腓德烈大帝的格言，他仰视腓德烈的画像直到最后，无可奈何地说:“自从我认识人以来，我爱上了狗。”

希特勒的“寺院”是山间别墅或者元首的防空洞。“在山上的寂静之中，我的最佳决定成熟了……远眺贝希特斯加登和萨尔茨大地，令人万念俱释、心旷神怡，我天才的，彻底改造世界的灵感产生了。这时我对死亡不再心怀感激之情。我的思想越过人类的界限，转变成大规模的行动。”①

1943 年起，事与愿违，“元首”躲藏在数米厚的混凝土防空洞墙之后。“防空洞的房间没有窗户，没有阳光，四周是冰凉的水泥墙，空气郁闷、混浊，他的想象力远离了现实世界。电灯从不熄灭……外头事件的反响传不到他那里。他得到的消息被他的同事打了折扣。在这复杂的气氛中，他的幻想犹如暖房里的有毒植物在滋生。他听不得任何反对意见，不接纳任何建议。”②

尼采和希特勒的毁灭很大程度上是一连串的自我苛求造成的。

一方面希特勒每日的最高效能消耗他疲乏的身体，另一方面他对医生的警告采取不理智的回答，说他没有时间生病，没有意识到他的健康在逐渐地毁坏，以至于他的健康状况真正成了“民族的问题”。像希特勒一样，尼采也需要一种永恒的病态，——疾病是他和人通信中唯一不变的反复提到的主题——以便“鞭打”符合他“使命”的心灵——此话出自尼采之口:处于全部自我瓦解的状况。

---

① 措勒尔:《希特勒的私生活》，第 24 页及下页。

② 措勒尔:《希特勒的私生活》，第 25 页。

尼采的“意欲”和“可能”之间有一段遥不可测的距离。他有时自己察觉到：

“我常常不知道，我是怎样忍受我的虚弱方面（思想、健康和其他方面）和强有力的方面（展望前途和任务）。”①

他在巴塞尔的工作耗尽他的精力，使他的工作效率几乎趋于零，因此我们基本上同意他的朋友多伊森的最后判断：

“没有人能够说，这天才的神经其错乱的成因多大程度上由于体质的原因。但是尼采不是故意脱离他占有光荣地位的人类社会，他有工作岗位，可建立家庭，并使其思想成果慢慢成熟起来。在苦行的、他的体力过度紧张的孤寂中，他并非让白天的时光浪费在使人困倦的漫游之中，并非使用强烈的麻醉剂迫使自己在夜晚入睡。谁都知道，他现在不是健康地活在我们中间，他能够奉献我们的是完美而古怪的、在很大程度上值得尊重的、有价值的世界观的偶像，而不是尚未完成的作品。”②

不应否认，这两个人具有非凡的、而且相似的天才素质：本能、记忆、直觉。

从《悲剧的诞生》开始（在这本书中他谴责苏格拉底把本能当敌人是不公正的）直到最后的回顾《瞧！这个人》，尼采总是以本能的事实自以为是权威的，如果不是唯一的权威，这事实丝毫也不能改变：他的本能最终使他毁灭。在希特勒的身上我们也发现本能的崇拜。没有人可以否认他具有杰出的本能，尽管按照他的本质只是“拦路抢劫犯”的本能。如同所有这样的天赋才能一样，本能也是矛

① 贝尔诺利：《奥韦尔贝克与尼采通讯录》，第139页。

② 多伊森：《尼采回忆录》，第98页。

盾心理的能力。在要求使用理智的情况下。本能的危害(占主导地位)多于有用。希特勒不是政治家，也不是统帅，这就避免了这一不幸的经历。

“有些人因为他的记忆太好，所以成不了思想家。”①

尼采在精神错乱时的记忆还是可信的。是否由于他的记忆而使他永远成不了思想家，这是另一个很难回答的问题。无论如何他做了一切滥用和毁坏天赋才能的事，尽管在实践中十分健忘，并且服用许多有害的药物。正如所说的那样，但他没有取得成功。

在这里披露了尼采天性的重大秘密，“不受触犯的健康残余”使他能够坚持这么久并且取得成功，尽管总趋向是畸形的，生活方式是病态的。

非常相似，希特勒的记忆也是不易毁坏的、不过在原则上和尼采相似，希特勒把记忆滥用于荒唐的目的上:做假、诈骗、迷惑、撒谎、自欺、虚伪。

根据经常和希特勒在一起工作的人判断，希特勒的记忆是“惊人的”“特殊的”“无懈可击的”“富于想象的”，但也不能排除他在面临灾难时，他的记忆会迅速失效和消失。

最后几个月的政治和军事任务使希特勒简直无法应付。他那“巨大的直觉”曾经使他想起，同盟军不像他的高级军官预计的那样在加莱登陆，而在诺曼底海岸登陆。但是这种直觉现在也帮不了他的忙。在确定“某某日”发动1944年至1945年冬季的最后一次进攻时，他的直觉只帮助他选择有利的出发时机。作战本身失去了按理智的规则办事，也就是说作战失败了。这里也是精神能力在起作用，精

① 《尼采全集》第9卷，第66页。

神能力陪伴希特勒走向成就的高峰，避免损失，并且像其他事例一样，妨碍了唯一得救的考虑。

这与尼采的天才直觉没有什么两样，在《悲剧的诞生》中阿波罗和酒神的发现，直觉使尼采获得了荣誉和成就。过了不久他必须确认，直觉还不是知识，直觉和知识的关系倒是像幻觉和真理的关系一样。希特勒近乎固执，出于这种认识，但也永不承担必要的后果。逐年地从书本到书本，他更加沉湎于幻景、上天的启示、灵感和精神快感，这些东西赐予他得以解救的幻想，胜过十天内读的人类历史的最新和最深刻的知识。

尼采和希特勒一样从事人们早期称谓的艺术家古怪的心理研究，毫无疑问，在现代知识中能自成一派。尼采公开称他的第四册书《不合时宜的考察》是艺术家的肖像，他评注说：

"青年时代我是多面手，比如说，也是画家，有一次我画了一张理查德·瓦格纳的像。"[①]

希特勒梦想成为画家，想碰碰运气当艺术家，但是失败了。他的绘画作品被维也纳艺术院评为不及格，人家建议他试一试搞建筑风格。希特勒画得很少，并且歪曲了攸忒彼女神的形象，——人们比较了尼采的《曼弗雷德》——沉思！——表现音乐剧《铁匠维兰特》的形象。

结果是，在他第二次报考时人家不允许他参加考试。这期间他认为自己具有"很高的音乐天赋"，并且大胆声明，他要成为建筑师。如果战争不爆发，他也许会成为德国第一批建筑师，"如果不是第一名的话"。

---

① 《尼采全集》第14卷，第333页。

瓦格纳的狂想是希特勒与瓦格纳的朋友尼采所共有的，不过程度不同而已。尼采认为自己是天才的艺术家，但是他的天才毋宁说表现在批评家的天赋方面。他更多的是演说家并不是艺术家，希特勒也是如此。

尼采的书充满着生育、怀孕之类的话，但是谈这些东西不过是创造力不强的表现，同时他的书内容贫乏和枯燥无味。他的“查拉图斯特拉的儿子”正是个贫乏的人物，这是他自己说的。此话适用于《查拉图斯特拉如是说》，更适用于他的其他著作。他们属于一切，结果一事无成。所以它们给人这种印象，似乎它们的一切都符合作者的意愿。

尼采的业余爱好是想当科学家；他是演说家，并非诗人，没有创造性，只有歇斯底里，他并非哲学家，而是思想家，并非圣徒，而是狂热者，并非艺术家，而是唯美主义者，并非万能的天才，而是卡克里奥施托，正如他谴责他从前的朋友瓦格纳是不公正的，认错了他的本质一样。

希特勒曾暗示说（尽管只是隐隐约约地），他不是有创造性的有才能的人。“他的全部知识只是拼命记忆的结果。”[①]

希特勒主义作为运动，完全符合希特勒的情况：他“没有做出任何东西”。忙碌不停、神经过敏、阴谋诡计、权力斗争，耗尽了人民创造的物质，他的政权短期内把这些物质登入贷方，然后浪费掉了。

希特勒“有广泛的业余爱好，”他是最大的诈骗专家。“在最后半个小时，当我休息时，我发明了一架新的机关枪和一件架桥的工具，同时在脑子中谱写了一首乐曲。”这是在兰茨贝格时期他向一位一起

① 措勒尔：《希特勒的私生活》，第36页。

坐监的人透露的，那个人对此印象深刻。

业余爱好和精通专业两者不是互相排斥的，而是密切相关的。精湛技巧在记忆上的庞杂是无创造力和精神空虚的标志。在创造力自然形成的地方出现了创造力的激情，极端兴奋、狂热、歇斯底里和装腔作势。没有人比尼采的老师和保护人费·里彻尔更本能地认清浅薄涉猎的危害性，其危害性已在《悲剧的诞生》一书里的《科学风格》中预示出来了。

阿·克塞尔的判断在今天看来更为贴切："今天谁要是给我们写一点《论哲学业余爱好在德国传播的原因》，也许比读几百页的《尼采新注》更能理解尼采。"①

帕·默比乌斯医生用嘲弄的态度指出，尼采这个艺术家是酒神也是歇斯底里之神："神经过敏者喜欢互相结交。因此，尼采毫无疑问地选择歇斯底里的保护神作为他的圣徒。"②

尼采在论述现代天才时切中了自己的要害："今天人们可以把'天才'判断为是神经官能症的一种形式，也许也是艺术诱逼性的力量，——事实上，我们的形式主义的艺术家与歇斯底里的妇人太相似了！！！不过，这是针对'今天'而言，并非针对'艺术家'。"③

这正是尼采本人，他赞美自己是"一个真理的天才"，如果我们继续往下念，就会引出恼人的结论。

"歇斯底里者是虚伪的，——他说谎是出于对谎言有兴趣，他具有的伪装的艺术是值得赞赏的，除非是他的病态的虚荣在捉弄他。"④

---

① 《新瑞士评论》之四，1936—1937 年，第 549 页及下页。

② 贝尔诺利：《奥韦尔贝克与尼采通讯录》第 1 卷，第 183 页。

③ 《尼采全集》第 19 卷，第 223 页。

④ 《尼采全集》第 19 卷，第 223 页。

这里不是详细探讨尼采病态的地方。但可以确认，他和希特勒是严重的歇斯底里者。希特勒不单是歇斯底里者，而且还有意识地、有计划地把他的歇斯底里传染给德国人，他要动员德国人参与他疯狂的计划：

“如果最伟大的变革的推动力没有狂热的、疯狂的激情，只是安于市民道德的现状，那么，在这个地球上最伟大的变革是不可想象的。”①

尼采和希特勒是两个无与伦比的演员。尼采对艺术家瓦格纳的批评有很大一部分是无意识的自我批评。在那里写着，“瓦格纳的音乐是颓废的”。“瓦格纳是个神经质”，是个“催眠乐曲大师”。他使用粗暴的、做作的和无辜的(愚蠢的)兴奋剂，他野心勃勃要创立宗教。他将艺术降为诺言。他提出无政府状态、原子、灾祸、骚乱以代替正常组织。幻觉是他艺术的开端。他是象牙上的小画像，是催眠术家、暴君、舞台布景人、魔术师、雄辩家、演员和戏剧天才。慕尼黑的瓦格纳协会献给瓦格纳的花圈上写着：“拯救救世主”，尼采与之唱反调写了一句刻毒的题词：“救世主的拯救”，并且他还恶意而妒忌地补充说：“瓦格纳拯救了这个女性；因此这个女性为他建立了拜罗伊特。”②

我们不想在这里讨论这种对瓦格纳的批评是否合理。重要的是，瓦格纳精通本行，他的艺术享有世界声誉，而尼采则相反。

尼采拯救了谁？

瓦格纳无论如何也没有想到要挑战：“我们不想把事情放在心上，

① 希特勒：《我的奋斗》，第475页。

② 《尼采全集》第17卷，第41页。

我们要把假面具作为我们最后的神灵和救世主来祈求。”①

他用什么方法摆脱悲观主义和疾病呢？回顾与瓦格纳分离的时期，他这么说：

“意志是健康本身，健康的扮演是我的药剂。”②

希特勒是“天生的演员”，集“撒谎、诈骗、虚伪”于一身。他最终跟尼采一样成了他自己假面具的、自我表演和宣传的牺牲品。如同尼采最终成为自我崇拜的第一尼采和“神秘主义者”一样，希特勒沉迷于魔术的幻境，使自己越来越变成受愚弄和控制的幽灵。两个人的表演都是有害的。尽管是吸引人的、令人意想不到的。“我随时能对付偶然事件；我未做准备，就能当机立断。”③

尼采跟希特勒一样取得了无数的意想不到的成果。没有人能和他们争夺荣誉。在两个人的生活中，意想不到起着主导作用，并且是有意识地、有打算地视其为“习惯”和策略。尼采借助道德和他惊人的成就也是这种令人畏惧的方法的继续。

“形成这一血统论的三篇论文也许在意想不到的表达、目的和艺术方面是至今所写的最为令人可怕的东西。人们知道，酒神也是阴暗之神。”④

希特勒以他“拦路抢劫犯的本能”和他“可怕的直觉”经常瞬息之间产生灵感，他能够等候时机，然后迅疾出击。

当他的宣传机器千篇一律地向国内外倾注道德主义和永久和平的论调时，他却暗中等待时机，残忍地利用局势。同时，如同受到

---

① 《尼采全集》第16卷，第310页。
② 《尼采全集》第14卷，第344页。
③ 《尼采全集》第21卷，第181页。
④ 《尼采全集》第21卷，第264页。

时间恶魔驱赶一样，迫不及待地去追求他的目的。

希特勒果断而急迫地实现他的决定，仓促而慌忙地加以实施，以“狂热而神经质的速度”工作，这些也染上了德国的生活。“我们就失败在这个动力上。”希特勒的一个女同事一直匆忙地坚持工作到最后，她写道：

“我常常从重要的实业家和政治家方面听到：德国成了真正的疯人院。这个疯人院充满着匆忙，正常规律遭到破坏。我们大家忙得晕头转向。只是没有导致成一场灾难！”①

为此希特勒用尼采悲剧思想加速了人类的毁灭。甘油炸药和原子弹只是加速灭亡运动的可怕的技术上的补充。只能通过全人类的努力才能阻挡和遏制这种运动。

希特勒在哪儿插手，哪儿就不断发生事件，在人们知道是怎么回事之前早已成为既成事实，在人们讨论是否继续或者中断出现一种危险的军事行动之前，船只已被烧毁。要么全有，要么全无，在这里也是有意或无意地招致火山的爆发、雷电的出现和语言及行动的爆发。除了尼采，没有谁创造出这种仓促行事的经典准则。

“‘忧郁的云雾’时时聚集在自由思想者的额上”，在这里他把叔本华视作这样的人：“因为阳光是必要的，这样的自然恨多于死；这种持久的怨恨使自然界产生火山爆发般的威胁。有时候强制地隐蔽自己，为了被迫的克制而报仇。他们带着可怕的神色从阴郁的洞穴出来；他们的言行犹如爆炸，他们很可能就此走向毁灭。”②

过分、匆促、出其不意和草率行事都是一种软弱、无能、复归、

---

① 措勒尔：《希特勒的私生活》，第60页。

② 《尼采全集》第7卷，第56页。

轮回的生存的特征，这种生存除了不超过已达到的和可达到的之外，除了孤注一掷和必败无疑之处，别无其他选择。只要尼采和希特勒的目的在于干不可能的事，那么他们的发展过程是注定要失败的。当尼采的一个希望破灭之后，他给罗德写道：

“然而，然而——我们意欲这样！今年我们要达到朝着星空方向的轨道。”[①]

年底预示他自己惹起的巨大的不幸。《悲剧的诞生》遭到知识界的拒绝并激起愤怒。尼采打算搞个备忘录，称作《斯特拉斯堡大学备忘录，在德国各邦代表大会上对俾斯麦的笔迹提出责问》，在备忘录中他想表明，人们错过了“革新德国精神”的良机，错过了消灭至今为止的所谓的“文化”，但是这个计划失败了，这使尼采遭到更大的灾难。尼采的全部作品都是越来越新、超越自我的东西，都是采取不承认失败的态度，也就是自己欺骗自己的态度。同时他也许知道，超越“只是妒忌的仿效”，他只有通过论战才能认清超越，但是论战不包括他自己。

他的作品充塞着“妒忌的仿效”的措辞和公式。这些言语说明了仇恨和重新感觉过去痛苦的事情，他满怀猜忌的目光和复仇的心情仰望着上帝、世界和幸福的人类：超人、超历史的人类、超动物、超时代。人类超过上帝，人类超过自己，人类中的动物又超过人类。难道要说，没有唯一的超过稍微战胜待超过的东西吗？

尼采一方面与基督教论战，产生厌恶幻觉的、难以实现的理想，另一方面则幻想着“在地球上永不存在的道德……紫红色的星座和整个美丽的银河体系！”对于这种幻景需要一门“新的”天文

① 《尼采书信集》第2卷，第263页。

学，当然他是不可能找到这种天文学的："你们在哪里，理想的天文学家？"[①]

因此我们会相信，如果他在其他地方这样说："一切超人的东西在人类身上是作为病态和疯狂出现的"[②]，只有在这里——按照尼采自己的前提——才不会说"出现"。

尼采出于狂热的天生的假理想主义如同嘲弄苏格拉底－基督教的西方理想同样是所谓的"德国理想主义"的继续，希特勒的"理想主义"发展了尼采的假理想主义。

希特勒空虚的思想、无法实现的思想（因为他的计划是违反自然规律的、不符合历史事实的）一开始就注定他是枉费心机的（标志着"徒劳"）。第一次世界大战无谓的牺牲（意识上不承认失败）在他心里产生了恼人的"尽管如此"，他要以更大的灾难去"医治"灾难。

例如，"要求重建1914年的边界"，这"是他一系列罪行中的一场政治恶作剧"[③]。战争时期希特勒的讲话统统都是由控制他的要么全有要么全无的调子制定的，以这个调子去战胜狂热只是一种标志。他像尼采在思想领域所做的那样对一切至今为止为改善局势所做的尝试进行彻底的、毁灭性的攻击。

要么灭亡，要么抵抗；"这里也不存在妥协"[④]；要么就是雅利安人的胜利，要么就是他们的灭亡；要么就是共和国，要么就是奴隶制；要么死，要么生；对我们来说只有一条山路别无退路；只有用极端才

① 《尼采全集》第10卷，第343页。

② 《尼采全集》第14卷，第123页。

③ 希特勒：《我的奋斗》，第736页。

④ 伯普勒：《阿道夫·希特勒演讲录》，第17页。

能战胜极端。甚至虚伪地引用《圣经》:“不热或者不冷的东西我要从嘴里吐出去。”

没有人比弗赖斯勒更尖锐地反驳封·莫尔特克伯爵的论述:“基督教只信仰一个，我们也一样:我们需要整个人类！”

然而，基督教的在善与恶的永恒斗争中公开摊牌的完好的绝对命令和卑劣的虚无的极端主义之间存在着多少错误和蜕化，这一个极端反对另一个极端，最终一无所得，毁灭了自己，并试图把人类拖到灾难之中。

尼采:“极端的论断不能用减少极端去解决，而是用相反的极端去解决。”①

希特勒:“必须用极端去战胜极端。”②

“只要同样大的恐怖不去妨碍成就，成就就始终伴随着恐怖。”③

尼采从不隐瞒地认为，他的计划除了谋杀别无其他，他要谋杀德国的教育、瓦格纳、基督教、现代的新闻事业、人类。

关于他的《最幼稚的和最恶作剧的孩子》(也叫作《善与恶之彼岸》)一书，他写信给多伊森:“我刚刚读完一篇可怕的、严肃的文章，标题是:《尼采的危险之书》——标题有花纹装饰，这是炸药……”

“这有什么关系！当时有谁比我更大胆地提出这些事情吗？人们一定能够坚持到底:这是考验;别人对此‘说’什么，‘想’什么，于我无关紧要。

最后，我的权利不是只保留到今天和明天，而是保留几千年。”④

---

① 《尼采全集》第18卷，第45页。

② 伯普勒:《阿道夫·希特勒演讲录》，第39页。

③ 希特勒:《我的奋斗》，第46页。

④ 《尼采全集》第1卷，第333页。

希特勒正准备在甘油炸药的基础上实现他的欧洲“新秩序”，他在给他的将军们讲话过程中不由自主地说：

“堕落的欧洲对我怎么看，于我无关紧要。成吉思汗怀着快活的心情屠杀了几百万妇女和儿童。但是没有人再提此事。党卫军在波兰的行动毫无怜悯之心。也许他们比其他人走得更快，更为残忍。对待这些民族必须像对待非要尝尝皮鞭味道不可的愚蠢的狐猴一样。”①

然而，尼采以策略上进攻的手腕将他谋杀人类的计划置于他控制的权力之下，将他自己中肯描述的计划、将他谋杀牧师、神学家和基督教本身以及扼杀“真正世界”生活的事硬加给被他称为是“疯狂的谋杀”的基督教。

德国本质的蜕化（尼采对此做出最大的贡献）则“诿过”于基督教。

《善恶的彼岸》一书（该书可与甘油炸药相比）作者觉得得到维德曼的理解。他给所有可能接受该书的人写信，对该书大肆宣扬——此外，在他的通讯中出现一次罕见的事件——把信写到国外去。

在《瞧！这个人》一书中，尼采不自觉的面目变得特别明显，由于日趋虚弱，掩饰的机械论很快便绝迹了，因此我们只得到作者关于“谋杀”的未译成密码的说明，他夸耀他的“谋杀”——这种虚荣只能害己——：他谋杀德国教育，是“对施特劳斯的一个致命的打击”。

在这个材料的前言中我们找到了对“人道”一词的注释：“我要用好良心对其他人的生命承担‘责任’。”

---

① 屈内特：《尼采，德国灾难的宣告者》，《历史现代的转折》之19，第700页。

尼采、希特勒和他们的同党所谓的责任是可怕的游戏，人们早已不相信其责任的基础：上帝、良心、将来的结算。

在他的作品中也发现对“狂热状态”的心理评述，按照尼采谋杀人类的意见，哲学家则需要这种“狂热状态”：“有些天性只能选择，要么做公开的罪犯，要么做秘密的受害者。”①

下面一段评价是切中要害的自我鉴别：

“谋杀要比暗暗滋长的闷闷不乐好得多。谋杀、战争、公开的暴力等应该叫作权力之恶；如果权力之恶从现在起可称为恶的话。”②

“此外，整个查拉图斯特拉是几十年积聚的力量爆炸：在这样的爆炸中创始者本人很容易被一起抛向空中。”③

谋杀基督教、人道主义、道德、真理和正义如同希特勒的“疯狂谋杀”文明的欧洲一样，原则上都来源于相同的积聚已久的怨恨、仇恨和妒忌的情感，正如落后的人面对进步的人，又挡不住后者的速度时所产生的感觉一样。

希特勒采取的无数行动中的一件事例表明了他原始的犯罪的心理状态：“我要进军梵蒂冈，解救整个社会。然后我说：‘对不起，我走错了！’但是他们都走了！意大利人或者西班牙人失去了基督教，无论如何，这不是我们的事。”④

这是政治歹徒的实践，这一实践相当准确地符合尼采的策略。除了“谋杀”之外，“清算”也是这两个人常用的歹徒行话。在1887年的《道德的谱系》续篇的规划中我们看到一篇后记，题为：《与

① 《尼采全集》第10卷，第270页。

② 《尼采全集》第11卷，第208页。

③ 贝尔诺利：《奥韦尔贝克与尼采通讯录》，第242页。

④ 皮克尔：《希特勒宴会演讲录》，第349页。

道德清算》。

《我的奋斗》第一卷的副标题就是:《一次清算》。

尼采把他的作品看作“与经常在生活中妨碍我和推动我的人进行暂时清算”，也就是看作他心理变态的文学补偿。希特勒在他的生活中没有与谁“清算”吗？他要求“清算1918年的11月罪犯”，当冲锋队尽了责任时，他找了个借口清算他们。希特勒在他那个小圈子里说，他从前对基督教采取的立场就是:“甘油炸药！”而今天则没有必要:“肯定像糜烂的四肢一样烂掉。健康的青年在我们这一边！”①

出于有利的理由直到取得“最终胜利”后他推迟了清算天主教会。他向“犹太人”报仇，一个凶恶的愿望保留在所谓“最终解决”的暴力之中。倘若他能做到，首先他要把贫困的犹太人中最贫困的人赶到东欧去。希特勒声明，他永远不会被谋杀并且断然拒绝接见一个间谍，他出卖并且消灭一切可能坚持信仰人类的合乎人道的未来的东西。

以好的、真的和美的这一基本观点来衡量，尼采和希特勒则越来越陷入——用他们的表达方式——粗俗的、令人厌恶的、污秽的深渊里。

在希特勒独裁时期，甚至直到今天，还有不可教育的分子拼命地去颂扬尼采的思想。如果人们希望——正如海德格尔所说——“今天和今后十九年让德国人从根本上去思考一下”，并且想想尼采自传草稿中的一句话:“我作为植物就要长在墓地上，作为人就要生在教士住宅”，那么，我们对另外一种不那么庄严的意见也不能保持沉默，

① 皮克尔:《希特勒宴会演讲录》，第348页。

他们呼吁观察一下青年颓废派的精神状态：

“难道我曾经也是小孩？难道我是由世界上旧的机械装置翻来覆去地炮制出来不成？现在——踏轮旁的拨浪鼓——你相当惬意地慢慢地把称为命运的绳索拖走，直到我腐烂，屠夫把我草草掩埋，只有几只丽蝇向我许诺，说我是永垂不朽的，是这样的吧？

“在产生这种想法时，我几乎觉得这种倾向是可笑的。——然而，另一种想法却约束着我——也许在我的骨头里能长出幼嫩的花朵、也许能长出‘心脏堇菜’，甚至勿忘我草——要是屠夫把他的粪便拉在我的墓地上。然后，情人来了……令人厌恶！令人厌恶！这是腐败的！我觉得，与其说在蓝天底下过着艰辛的生活，与其说像胖蛆虫那样爬来爬去，与其说做人——这是可改变的问号——不如在潮湿的地里腐烂掉来得痛快。当我这样尽情地沉湎于未来时，看着街上散步的人，这是五光十色的人、穿戴整洁的人、身材窈窕的人、表情快乐的人，我总是得到了安慰。这些人是干什么的？正如一位犹太人曾经说的，他们是粉饰过分的坟墓。”①

这是罕见的、玩世不恭的、青春期的发泄吗？

不！从尼采早期直到晚期的作品都充塞着这种令人厌恶的、猥亵的、愤世嫉俗的言语和情景。这种言语和情景即使在天主教禁书目录中也找不到一丝痕迹。在他针对施特劳斯写的《不合时宜的考察》一文中，他继续了对尸体和蛆虫的沉思。在巴塞尔他致力于谋取哲学教授职位，作为失败者他写道：“尸体对蛆虫来说是美好的概念，而蛆虫对于每个有生命的人来说都是可怕的概念。蛆虫梦想它们的天国建立在肥胖的躯体里，梦见哲学教授们在叔本华的内脏里

① 《历史评论全集》，慕尼黑1933年出版，第二册，第70页及下页。

到处翻寻。只要有啮齿动物存在，就有啮齿动物的天堂。”[①]

反对宗教的倾向和试图使信教的人对信仰和他的想象世界反感并“嘲弄”信教的人，这些已经同发展史上的重要的草图相符。

在中世纪这种倾向已经达到第一次高潮，“灵魂的排泄腔。——甚至灵魂也必须有确定的排泄腔，可以把污秽的东西排出去：人、关系、社会等级或者祖国或者世界或者完全傲慢的人（我是指我们可爱的现代的‘悲观主义者’）以及亲爱的上帝都可用作排泄腔。”[②]

在尼采和希特勒眼里，各个个别的人无异于一条“蛆虫”或者一个“杆菌”。

“人类愿意发展多高——也许他站在终点深过在开头！——对于他来说并没有过渡到更高的次数。在‘地球轨道’末端的蚂蚁和华翅目昆虫很少能上升到上帝的亲戚和永垂不朽。”[③]

尼采按照这一悲观的判决很少可以谈论超人，如同很少谈论超蚂蚁和超华翅昆虫一样。但是对于应验的、已被证明的基督教来说他觉得是合适的，考虑到他“空想的文章”，因此他反对基督教。因为柏拉图主义者和基督教徒必然对粪便、小便、生肉、腐烂、恶臭和蛆虫感到厌恶，另一方面他们则高度地评价视觉、听觉、形象和思维，所以尼采提出：

“我们要改变对厌恶的观念！”

存在主义者和虚无主义者的先锋派事实上已经这样做了。同时，尼采崇拜丑陋和厌恶绝不只局限于理论，正如《蛤蟆故事》所表明

① 《尼采全集》第6卷，第162页。

② 《尼采全集》第9卷，第218页。

③ 《尼采全集》第10卷，第50页。

的那样：

他喜欢的是，一个少妇梦中同蛤蟆交谈，或者，比如冯小姐的事例，她很厌恶一只活蛤蟆溜进她的房间，她对此耿耿于怀的理由是，蛤蟆一定把一些污秽的东西弄到她的绘画上。冯小姐和她的母亲找到了一个恰当的答复。尼采非常喜欢糖渍水果，她们就送他一个外表看来是装了糖渍水果的罐子。当尼采小心翼翼地打开罐子时，一群蝗虫向他迎面扑来。

这时，一条不可逾越的鸿沟已经把我们干净的使徒同"具有高贵名望的肮脏者"分开。"首先要敢于相信你们——相信你们和你们的内脏！谁不相信自己，谁总是在撒谎。上帝的幼虫依恋着你们自己和你们的'纯洁'：你们极其可恶的环形蠕虫在上帝的幼虫里蠕动"[①]。尼采把漂亮、清洁，和神圣理解为和"纯洁"不同的概念。

"人身上有些东西是不够神圣的：人要撒屎，他们又如何能成为神呢？"

"但是，另外一种屎还更为严重，这叫作罪孽，人们意欲保存这种东西，而不是放弃它们。"

"但是我现在必须相信：人们可以成为神，然而还能撒屎；因此我教他们撒屎，变为神仙。"[②]自我神化把他"抬高"到"一切受教育的寻欢作乐的无赖"之上，同时也挡住了他最后的视线，不知道他堕落多深。

"我结束我周围的圈子，和神圣的边界，越来越少的边界随同我上升到越来越高的山峰；我认识一座山脉是由越来越神圣的山峰组

① 《尼采全集》第13卷，第161页。

② 《尼采全集》第14卷，第143页。

成的。”①

出于对别人有约束的认识:“与各个人在一起无异于与最卑微的蛆虫在一起,”出于这种原则:“要么在最上面,要么在最下面,像蛆虫那样受嘲弄被消灭,遭践踏,”②尼采似乎只能得出一种永恒的结论,即:他是不受“良心蛆虫”危害的“富有成果的思想家”。“现在道德是多余的、偶然的、精神和力量贫乏的不该生存的害虫的托词。”③

匆匆浏览了几篇从尼采全部污秽的剧目中选择出来的戏剧,似乎更加怀疑,他和希特勒的思想水平是否不可相比。详细探讨希特勒在《我的奋斗》中、在煽动性讲话中以及在私下和即席讲话中所使用的词汇和概念令人厌恶之程度已属多余。重要的是,他猥亵的讲话所涉及的人和物与尼采所谈到的是一样的:上帝、灵魂、基督教和人类。

在感情上,尼采和希特勒都是以复仇、仇恨、厌恶、虚荣、嫉妒、空虚、猜忌和残忍见长的:这一切都标志着这两个人的心灵是渺小的、虚弱的,卑鄙的,莫大的鄙视、间隔的激昂是在伪装高尚、愤怒和咆哮可以取代无能为力。暴虐狂的和受虐狂的感情冲动在竞相增长,并且预示了本身毫无希望的、堕落的本质。只有激昂气概而无高尚情操的虚假的英雄主义只能诱惑人们去冒险、去放肆、去作赌注。冲动、自我同情、自我渲染都是“可悲”的装腔作势。猜疑、狡诈、阴险、诡计、孤僻、沉默、掩盖了虚弱、无力、衰颓和枯瘠。

① 《尼采全集》第13卷,第266页。

② 《尼采全集》第19卷,第188页。

③ 《尼采全集》第14卷,第35页。

怀恨、情结、失意和强迫赔偿歪曲了灵魂本来的样子，直至无法辨别。炽热的激情和冷酷的自私两者奇特地混合使人惊异，使人着迷，而势不两立、幸灾乐祸和造谣中伤则离间朋友，视如敌人。物质世界幻觉论者的原则是：冷静下去，才能实现。应该掩饰局促不安、兴奋若狂、过度紧张、过于冲动、时而骄傲自大、时而自卑自贱的复杂心量，应该保持狂妄自大和愚昧无知的均衡，应该轮替禁欲主义和狂放不羁、抱怨责怪和吹牛夸大、懈怠懒惰和精力充沛、卑躬屈膝和阴险奸刁。

积怨很深、性情古怪的人，其感情也是错综复杂的。神经分裂症的症状不排除躁狂忧郁的状态并且结合成单狂和利己主义。这里是现代主义和革新欲望，那里是坚决拒绝现代的东西，这里是走向前程，那里是倒退没落。

自我享受、粗暴残忍和玩世不恭不排除自我折磨，一方面不相信坚强的生底本能，另一方面无情地自我消耗。自我主义、自私自利和利己主义的莫洛赫神向自己和别人要求更多的牺牲。误用的躯体、损伤的灵魂、迷惘的思想在为他效劳。宿命论和空想不可能与出于绝望而产生自我崇拜的虚无主义生长在同一块土地上。

自鸣得意、虚荣浮躁会变为刚愎自用、教条主义和专制主义。专制主义可引诱奉承者，驱逐批评者。性格上出现了一种虚假的、怪异的独特性。内心里专断的人，也就是不作自我批评的批评家，连间接不满意的批评他也不能忍受。自我认识会蜕化为自我吹嘘和全面的、有步骤的自我的错误判断。颠倒黑白、煽动一切、怀疑一切、批评一切和攻击一切会掩盖自己缺乏批评的精神和不值得信任的态度。策略上的唯道德论和厌世主义是为意识上、政治上蛊惑民心的宣传效劳的。游说的才能成了所有艺术的技巧，装模作样成了最高指示，其结果是：使人入迷、使人狂喜、使人联想、使人着魔、使人神迷、使人狂热、使人精疲、使人堕落。尖锐的措辞与感伤的感情流露和做作互相更替。同时这种感情流露和做作也向残暴之人的野蛮本性和虚假的剩余理智发出呼吁。权力欲者专横地追求流血、谋杀、战争、自我灭亡、毁灭人类、彻底灭亡的刺激。

一方面是挑衅、无耻、放肆、伪善、踌躇和不负责任，另一方面是害怕事实、胆怯、物质世界知觉说、胜负颠倒，这两个方面以无罪的激情并列。

当尼采声明，他不相信柏拉图或但丁写的传记时，他以绝对真实的激情要求人们无限相信他写的生平和作品，他的《瞧！这个人》达到了一个“科学家在人类思想史上，在自我错误判断方面所做出的独特的成就。早在《人性的，太人性的》一文中他就认识到以“每个人都不负责任和每个人都无罪”的学说就可以彻底改变世界的正义的可能性。他毫无顾忌地提出基督教作为他废除判决和惩罚的直接的证据。“查拉图斯特拉”要求的正义是，“除了判决的以外，宣布每个人无罪”。

在《瞧！这个人》一书中作者最终以酒神法官的身份来审理“四个世纪伪造货币”一案的判决。基督把世界的审判权交给上帝，上帝提醒法官要谨慎，要有自知之明，上帝是为无辜的人说话的，而尼采的倾向则归结于法律认可制裁罪行和残暴，这是违反基督教的思想方式，这种思想方式在第一个真正的基督教徒眼中只有一种死罪。

尼采策略上滥用基督教的正义思想，其根源在于他不可救药的本质上的无政府主义和虚无主义的基本倾向，他要么要求上帝的完全的正义，要么完全放弃正义，这是不可能达到的。

我们对尼采和希特勒一再无意地自我揭穿感到惊异，在自我揭穿中他们的意图的本质和倾向以不作自我批评的批评方式暴露无遗。

如果尼采认为，比如说，“写作是生活的需要”是“疯狂”的一种形式，如果他提出，要是作品谈到了，作者就应该住嘴，如果他确认，思想上的无所顾忌常常是不和睦的、追求麻醉自己内心感情的标志，如果他劝诫不要骄横，抗议动乱不安或抗议“谩骂的和颂扬的世界思想”，如果他对“把自己的思想强加于人”表示厌恶或者对路德感到厌恶：“路德是可怕的、高傲的、暴躁的、嫉妒的可咒骂的魔鬼，倘若他不对别人发泄愤怒，他就觉得不舒适”，如果他赞美自我克制是他最大的牺牲，或者断言，他从来没有考虑过宗教的问题，在他的生平中“与人无争”是人所共知的，那么，我们就必须再回到希特勒身上来，按照“风格”、方式和标准在他的身上找出自我错误判断和无心的自我鉴别的相类似的问题。

希特勒把他策划建立种族统治的大日耳曼王国的世界阴谋强加给犹太人。尼采和希特勒批评盎格鲁撒克逊人“伪善”，这除了出于他们的策略的目的之外，也是两个人本质上最好的自我见证。

在《我的奋斗》一书中我们可以读到：

“使用外交策略必须付出心血，以便使一个民族不是英勇地走向毁灭，而是实际上得到维护。为此通过的每条道路都要符合目的，不沿道路行走的都必须视为是失败的罪行。”①

为此，作者在实施他的打算之前，谈了他对计划的判断。

① 希特勒：《我的奋斗》，第693页。

人们可以用从这一著作中的事例，用希特勒演说和谈话中的事例填满一本书，通过这些事例完全可以看出那种自我错误判断的自信的病理状态。在这种病理状态中，“道德伪君子”、愤怒的厌世者、批评家和互相攻击的人以言行上的矛盾证明撒谎欺骗和幸灾乐祸是有罪的。尼采和希特勒彻底否定他们自己和单独不想要的一切，这也是很独特的：另外一个人可能出于理智的原因偶尔说了、想了或者做了相同的事：这是可争辩的，或者不可能的话，则把一种卑劣的倾向强加于人，其实这种倾向只不过是自己的倾向的投影。因此，一个人还有好的意愿，行为端正并证明可靠：像尼采和希特勒这样的堕落者借助他们的颠倒策略称这些人为白痴和罪犯，而他们自己则摆出英雄和天才的架势。尼采在他的《评论》中谈道：“我讨厌世界上的一切；但是我通常对自己厌恶一切感到不满。”[①]

几乎可以用较简洁的方式说明这种无神论的虚无主义的和堕落的病理上的基本状态。如果尼采还继续断定，“自柏拉图以来，欧洲所有哲学建筑师的工作都是徒劳无益的”[②],整个人类“至今还掌握在最卑劣的手中”并且受世界诽谤者和人类亵渎者统治，那么，考虑到他自己的倾向和希特勒的论述就可以得到一个感觉：判断和批评应以进攻性的策略来掩盖自己意图的本质和方向。

通观尼采和希特勒性格的本质，通观横贯其行为表现、态度和思维方式、气质和“性格”的主导思想,就得出他们的格言:要么全有，要么全无！

同时，他们不存在的、不具备的或者不意欲的一切都是全无的、

---

① 《尼采全集》第 21 卷，第 107 页。

② 《尼采全集》第 21 卷，第 149 页。

空洞的（他们批判一切，一切就不存在！），而他们要的一切、掌握的、具备的东西，全都存在："我就是一切，其他'一切'都是虚无的。"或者让我要的世界存在，或者毁灭。因此，我要具备一切，是一切，达到一切，也就是说，我要成为神，或者什么都不是。

"谁想理解人类的一切，谁就必须攻击一切。但是对此我是清白无辜的。

"他们说的一切，没有人会理解。一切落入水中，没有东西掉进深井。他们说的一切，什么都没有做好，什么都没有做完。……他们说的一切，都是含糊不清。他们说的一切，都是不可信的。"[①]

在《查拉图斯特拉如是说》一书中写道："为了一切人和不为任何人。"

"难道至今为止人类所有伟大的激情不是这样虚无的激情吗？他们所有的庆祝活动——为虚无而庆祝吗？"[②]

说成是普遍真理的自我作证，正如伊达·奥韦尔贝克夫人评论他对神失去信仰一事指出的那样：

"我放弃了它，我要创立新的，我意欲并且可以不回头。我的激情即将泯灭，我的激情将我来回抛掷；我将慢慢地被摔得支离破碎，但是我对此毫不在乎。"[③]

在这个"基础"上尼采想更新人类历史的基础，他要不惜任何代价按他的格言创造他的"新的"东西："宁可一无所知，胜过许多一知半解！宁可傻瓜独当一面，胜过聪明人按别人的意志办事。"[④]

---

① 《尼采全集》第13卷，第238页。

② 《尼采全集》第10卷，第302页。

③ 贝尔诺利：《奥韦尔贝克与尼采通讯录》第1卷，第180页。

④ 《尼采全集》第13卷，第316页。

如果傻瓜从中得出结论:"聪明人知道,人们会赞同愚蠢的行为",这是不足为奇的。

要么全有、要么全无的激情可作为傻瓜的格言,这是适宜的原理。在傻瓜世界,除了傻瓜本身以外,"一切"都显得稀奇古怪。

"如果衡量一下至今为止被奉的'超人精神''天才'的一切,那么,就可以得出一个可悲的结论:人类的全部智能是很低下的和贫乏的。"①

"对于过去所有历史上的伟人的等级总还没有确定下来。"②

"所有好的批评都叫作改正;所以改正的能力对于批评家来说是绝对必要的条件。"③

"我要在掌握了'真理'的尺度之后,才能做出决定。"④

"如我想象的天才人物的天才本质是从不存在的。"⑤

不去创"新",不去"改正",则"一切依然故我"。尼采对基督教的批评则自食其果:"基督教许诺一切,但是什么也不恪守。"没有新的价值可代替人类受教育的最崇高的价值。按照尼采的观点是没落的价值。

关于人类为什么在没落价值的不间断的统治时期不是早就毁灭的问题,尼采幸亏是适合他的自我意识——根本就没有想过。我们从他那里得到的不是新的真理,而是颠倒的思想内容,不是新的价值,而是重新评价,不是健康的感情、激情和心境,而是反常的冲动、

---

① 《尼采全集》第10卷,第340页。

② 《尼采全集》第10卷,第341页。

③ 《尼采全集》第9卷,第421页。

④ 《尼采全集》第21卷,第266页。

⑤ 《尼采全集》第9卷,第418页。

感情上误入歧途和违反常情。

按照尼采的观点，他不是像所有时代的哲人，以傻瓜的面目出现的，而是以极其严肃的表情和偏激者严厉断然的态度出现的。他的口号是："要么全有，要么全无。"他的颠倒是非、重新评价和违反常情是全面堕落的极好表现。

这种具有好斗的，销魂的虚无主义形式的堕落，显然是违反人类和人道的罪行。尼采认为，他是"欧洲第一位完美的虚无主义者，但是这位虚无主义者已经度过了虚无主义，——这位虚无主义者在他之后、在他自己人之间、除了他都具有虚无主义。"①

在他谈到自己时，他确实低估了他的健康状况："总之我是健康的，从某个角度，某个特性来看我是颓废的，"因此，他对颓废和虚无主义的"克制"看来是虚构的，为了他的"疗养"他确实曾要相信"他不是孤立的，只看到孤立方面"。

尼采试图自己去确定虚无主义和颓废派的关系：

1. "虚无主义运动只是生理上颓废的表现。"②

2. "虚无主义不是起因，而是颓废的逻辑。"③

当他在他的著作中把疾病看作是颓废的副作用时，他写信给奥韦尔贝克：

"我关于善与恶的世界只是一个虚幻的和透视的世界的学说，是我在眼昏耳聋时的'新创造'。"

无论如何：疾病和颓废都是无神论和道德败坏的伴发症状，这

---

① 《尼采全集》第18卷，第4页。

② 《尼采全集》第18卷，第31页。

③ 《尼采全集》第18卷，第34页。

种伴发症状不像尼采希望得那样意味着“康复”“健康的好转”，或者“生命力的向上”。这叫作：他在不存在颓废的地方到处寻找颓废，却不在事实上存在颓废的地方寻找颓废。

如尼采意欲那样，如果颓废不是导致权力意志下降，而是使慈爱、人道、正义和真理衰减，那么最崇高的“颓废价值”就受到嘲弄和蔑视。

我们在此既不试图给颓废下柏洛托士式的概念的定义，也不想扩大这个取之不尽的主题。

根据这一章提供的特别的材料，我们断言，尼采和希特勒是颓废派和虚无主义的代表人物，他们的颓废主要表现于无限制的权力意志。

口号：人是衡量万物之尺度，思想是衡量强大和权力意志的标准，格言“要么全有，要么全无”是虚无主义颓废的组成部分。如同过去经常发生的那样，不想看见这种现象（确切地说是幻象），这只是颓废的标志。尼采和希特勒之所以有成果，是因力人们没有看到他们，不想看到他们。当人们看到他们时，不认真对待他们，只是像对付讨厌的感冒一样，人们并不去找医生，但是转眼间感冒成了流感，流感成了肺炎。这样军事势力就能决定一切，欧洲成了鲜血的海洋，眼泪的海洋。这里必须把主动的罪责和被动的罪责区分开来，尼采和希特勒是颓废的代表人物，是世界灾难的惹祸者和导线，要承担重要的罪责。欧洲的知识界、尼采一开始就反对的基督教会以及大部分的欧洲政治家（除了一个光彩的丘吉尔这个例子以外）应当负疏忽的罪责。希特勒对教会的策略是对那种疏忽的一种巧妙回答。

倘若俾斯麦开始与天主教会进行一场文化斗争，那么在希特勒眼里他是个傻瓜。希特勒知道，怎样对付神父，但又不使他们成为殉道者。他们的事业总归要失败的。他们贪得无厌、自私自利，这将使他们自行失败。一切事情都可以通过和平的、不用冲突的办法得到解决。为什么要为此争论？应该给他们几年宽限的时间。为了维护他们的物质利益，他们会承认一切。如果告诉他们几次，谁是一家之主，他们就会知道事情发生的根由，就会认输。

如果外界不断给希特勒施加压力，也许他不用流血的办法也能达到他的目的。在此，尼采的冷冻策略结出了冰冷之果："因此：人们最终想消灭的东西不是嘲笑、污辱，而是满怀敬意地束之于高阁，永远地搁置起来，因为考虑到概念具有顽强的生命力。"[①]

尼采和希特勒在思想方式上和行动上如此相似，尼采不是对民族主义和社会主义表态，不准将他与国家社会主义联系起来吗？从表面看，尼采既不是民族主义者又不是社会主义者。但是，只要仔细看看，他并不缺少对民族主义的长篇大论。

他的反民族主义的动机按其本源来说是反德国的，甚至偶尔也是针对法国的。这一观点根本不同于他惯常对自私自利的重新评价，所以个体优先于团体，甚至个别民族也优先于许多民族，如果这个民族是伟大的和强大的。

"拿破仑能够实行民族主义：这是拿破仑的托词。"[②]如果人们考虑一下，尼采缺乏在政治上有可能实现的思想，——不仅指这个可能——也就是说，假如没有一个民族的霸权地位在特定的前提下达不到他的欧洲主义，那么，他和希特勒在表面上不同的观点彼此就很接近了。希特勒对民族主义概念的理解在1933年7月10日他同《纽

① 《尼采全集》第9卷，第292页及下页。

② 《尼采全集》第9卷，第143页。

约时报》记者的谈话中表达出来了：

“根本思想是克服利己主义，把人民引向神圣的、整个民族的利己主义。”

希特勒泄露民族主义真情有利于整个泛日耳曼主义。这时，他也向他的党内朋友中的“特殊阶层”泄露了社会主义的真情。

“面对外国重建德国政权令人满意的是它代替了国内失败了的社会革命；国家社会主义的革命搏动，向德国边界那边的现行制度发起挑衅。在欧洲应该建立一个新的秩序，承担起‘主宰人民’的伟大任务和特权使命。”①

党的创始人安东·德雷克斯勒在1921年就预言过，国家社会主义将成为希特勒追求名利的工具。甚至连尼采也责备民族主义常懒惰、忌妒社会主义：希特勒拒绝了资产阶级的民族主义和马克思主义的社会主义。

假定我们只说名称，那么尼采虽然是民族主义和社会主义的敌人，但却是希特勒主义的开路先锋。希特勒利用国家社会主义只是像拿破仑和尼采一样作为疯狂的权力政策的招牌。因此，在尼采眼里，民族主义和社会主义只是“借口”。

尼采对社会主义的疾病和社会问题（他把社会问题看作是颓废的结果）的抉择，是暴力政策。

“人们要前进，人们要说，一步一步地在颓废中前进（——这是我对现代的“进展”所下的定义……）。人们可以遏制这一发展，通过遏制，堵塞蜕化，聚集起来，人们可以更加猛烈、更加突然地去做：

---

① 布洛克：《希特勒》第1卷，第317页。

更多地却没有了。”[①]

悲观思想最严重的后果之一在于决定论的悲观主义和虚无主义的基本观点——自身颓废的状态强烈地影响着欧洲——，按照尼采从本身到其余一切的推论，这是一个“没落的世界”。悲观思想本身就是颓废的产物，如果这一思想麻醉了自我保存的意志，那么，颓废者就会按照尼采的意见去做损害他、谋杀他的事。

尼采并不选择医生和颓废救世主之路——他自已也受到感染，由于他记下他的经验，告诫自己为了整体的好处要忍受一生，他自己断定——而是选择引骗子、“装病者”、毁灭者的道路。因此，他不像他的信徒所认为的那样成了救世主，而是成了人类的罪犯。

“最伟大的战斗：只需要一种新式武器。锤子：引出可怕的决定，置欧洲于结论之前，它的意志是否‘意欲’走向灭亡。要防止和稀泥。宁可毁灭！”[②]

“悲观主义的思想方式和学说，销魂的虚无主义也许正好是这位哲学家必不可少的东西：作为强大的压力和锤子，他用锤子粉碎了蜕化和失去知觉的种族，并将其清除出去，为生活的新秩序开辟了道路，或者是延缓了想蜕化想灭绝者的末路。”[③]在这里虚无主义的口号是：要么全有，要么全无，是个令人不悦的胜利。

这个口号强迫人类的一部分人以空想的权力来违反生命的意志和自我保存的意志而走向自我灭亡。“销魂的虚无主义”或者悲观的思想是作为实际上有生命危险的欧洲颓废核心出现的，这种颓废只

① 《尼采全集》第17卷，第142页。
② 《尼采全集》第18卷，第343页。
③ 《尼采全集》第19卷，第366页。

局限于缺乏处世能力的、病态的和道德堕落的相对小范围的个人身上。但是他们——尼采和希特勒的事例就是很好的证明——使用暴徒的手段一跃成为“统治人物”，这些“统治人物”具有偏执狂，他们要对全人类实行恐怖，施以暴政，如果他们高兴的话，最终还要消灭全人类——用一种富于乐趣的方式把人类从悲观失望的、自我折磨的境况中解救出来：

“我的第一个解决办法：狂热的才智。乐于毁灭最珍贵的东西，乐于看到，他是怎样一步一步地陷入堕藩；对未来感兴趣，对战胜了现有财富的未来感兴趣。狂热的：生活（包括殉道者的淫欲）原则的短暂鉴别。”

“我的新创造。——悲观主义的继续发展：智力上的悲观主义；道德上的批评，最后安慰的破产。感性认识成为衰落的标志：每个强大的行动都蒙上了空想的雾霭；文化受到隔绝，这是不公正的，并由此强大起来。”

“①我反对个性的衰落和日益软弱。我在寻找新的中心。”

“②认清这种努力是不可能实现的。”

“③因此我仍然处于崩溃之中，——从中我为少数人找到了新的力量源泉。我们必须成为破坏者！——我认识到，崩溃的状况是普遍存在的映像和个别情况，在崩溃之中个人的本质无法尽善尽美。我坚持永久的归来反对普遍崩溃和不完善的麻木的感觉。”[①]

尼采给德国遗留下“销魂的虚无主义”的模式，这要比旧模式的民族主义严重得多。他促使德国在同欧洲的关系中起到“锤子”的作用，这把锤子粉碎了“失去知觉的种族”，并将其清除出去，突

---

① 《尼采全集》第18卷，第291页。

如其来地出现了“新秩序”，同时伟大的人物“可以从来没有地得以尽善尽美。”

“要从因成为欧洲第一个非基督教国家而招致的耻辱之旧名称中，重新建立起德国人的光荣称号是可能的，对于这个目标，叔本华已给予极高的评价。路德的工作也将因此而完成，他曾教导德国人反对罗马的权威，并对他们说：‘我站在这里！我不能干别的！’”[①]

特别是尼采，他把他反基督教的以及他非人道的思想的“空想文章”强加给德国人。他们在他身上发现了那种病态的激进主义：要么全有，要么全无！出于个人软弱和困顿（称为情结），自私自利行不通，最终使用威胁的态度将其他人拖进自己的灾难之中，万一他们实现不了他的意志的话。尼采自己描述了“愤怒和毁灭之乐的低音部”的特征：“宁可什么都不是正确的，也胜过你们说得对，也胜过你们的真理是正确的。”[②]他的权力思想最终是扎根于蜕化的病态的颓废的土壤之中。有时表现出明显粗暴的和吸引人的、但是尽管如此却是智力缺陷的精神，这种精神唤起人们追忆人类的过去阶段：这种精神证实，他们所抵制的新方向还不够有力，他们还缺乏点什么：否则他们将跟那些阴谋家做坚决的斗争。”[③]这段话除了半是物理学的、半是黑格尔辩证法的思想不可解释之外，但作为自我鉴定还有其价值。

尼采把谋反人类的罪名强加给基督教，希特勒则把这个罪名强加给犹太人。两个人由于守旧性而拒绝博爱和人道的理想。他们试

---

① 《尼采全集》第 12 卷，第 169 页。

② 《尼采全集》第 3 卷，第 14 页。

③ 《尼采全集》第 8 卷，第 42 页。

图掩盖他们旨在要么全有，要么全无、旨在思想上、政治上统治世界的权力意志。虽然他们在短时间内取得成效，但是真理犹如阳光驱散浓雾一样使其空想的权力化为乌有。

那层苍白的、虚幻的面纱——在这层面纱上，在纳粹标志的卍字和对日耳曼原始森林回忆之旁出现了早已去世的天主的许多标志和象征——对我们提出警告，并提醒我们想起文明的人类完全与十字架有关。

尼采简介

1844 年

10 月 15 日，生于德国萨克森州勒肯镇一个牧师家庭。

1849 年

尼采的父亲去世。

1850 年

全家迁往瑙姆堡。

1858—1864 年

在瑙姆堡近郊的普福塔学校读书。

1864—1865 年

在波恩大学学习神学和古典语文学。

1865—1867 年

在莱比锡大学学习古典语文学。

1867—1868 年

在瑙姆堡服兵役。

1868 年

4 月，因伤退伍。

11 月，在莱比锡首次与瓦格纳相识。

1869—1879 年

受聘巴塞尔大学，任古典语文学教授。

1879 年

5 月，因病辞去巴塞尔大学教职。

1879—1889 年

旅居意大利的威尼斯、都灵、热那亚、法国的尼斯、瑞士的巴塞尔等地。

1889 年

1 月，在都灵神经错乱。

1890—1897 年

住在瑙姆堡，由母亲护理。

1897 年

复活节母亲去世。同妹妹迁往魏玛。

1900 年

8 月 25 日，尼采死于魏玛。